I0475443

رجل أعمال...

مفاهيم جديدة...

الطبعة الأولى الكتروني سبتمبر ٢٠١٠

المؤلف: سامر سامي جيد
الناشر: المؤلف

نرحب بأي استفسار أو تعليق، رأيك يهمنا.
محمول: ‎+١٩١٤٦٢٠٢٠٣٠ / ‎+٢٠١٠٠٠٦٤١٦٠
بريد الكتروني: s.gayed@hotmail.com
تصميم الغلاف: سامر سامي

الكتاب متاح على www.amazon.com تحت اسم الكاتب (Samer S. Gayed)
لطلب الكميات: ‎+١٩١٤٦٢٠٢٠٣٠ / ‎+٢٠١٠٠٠٦٤١٦٠

البابا شنوده الثالث

بابا الإسكندرية وبطريرك الكرازة المرقسيه

نيافة الأنبا دانيال

أسقف عام المعادي والبساتين

فهرس

تقديم نيافة الأنبا دانيال

يتطلع كثير من الشباب هذه الأيام إلى الدخول في مجال المشروعات الخاصة التي تعتمد على فكرهم ومجهودهم ولا تنتظر وظيفة حكومية أو تعيين في القطاع الخاص.

وقد وضع الخادم الأستاذ سامر سامي بعض أفكاره و خبراته لمساعدة إخوته في اجتياز هذا المجال بجرأة وطموح محسوب على أرض واقعية مرتفعين إلى فوق درجة درجة حسب إمكانية كل فرد.

وقد لاحظ الكاتب أن القيم الروحية والمبادئ المثالية هامة جداً لنجاح أي مشروع حتى لو تأخر النجاح أو تأجل المكسب، لكنه في هذه الحالة سيكون مضموناً ومستمراً ولا يهتز مع الزمن عند اكتشاف الطمع أو الصناعة الرديئة المتعجلة للمنتج بهدف الربح السريع.

أرجو لكل شبابنا نجاحاً في كل نواحي حياتهم وأن يدفع النجاح المادي إلى النجاح الروحي والاستقرار الأسري والشبع النفسي.

الرب يبارك حياتكم جميعاً

الأنبا دانيال

أسقف عام المعادي والبساتين

مقدمة

قد يظن البعض أنه من الممكن أن ينجح الإنسان روحياً دون أن ينجح عملياً في حياته المهنية الخاصة أو الاجتماعية، فيفصل الشخص التدين عن الحياة، ويقرأ الكتاب المقدس دون أن يعرف كيف يطبقه في عمله... ولكن لا يمكن أن يكون هذا منطقياً، فإن أوصانا الله كتابياً أن نحب بعضنا بعضاً فهو قد أوصانا ضمناً بالنجاح الاجتماعي والنجاح في العلاقات، وإن قال لنا الكتاب المقدس أنه يجب على الناس أن يروا أعمالنا الصالحة فيمجدوا أبانا الذي في السموات فلا يمكن أن تكون أعمالنا هذه التي يرونها هي طول مدة صلاتنا مثلاً أو مقدار العشور التي ندفعها في الكنيسة وإلا أصبحنا مرائين كالفريسيين، بل في حقيقتها هي أعمالنا الطبيعية أو ربما انجازاتنا الميدانية والتي لابد لها أن تظهر للجميع فتخدم المجتمع الذي نعيش فيه وتكون كالمصباح الذي لا يمكن إخفائه.

النجاح لا يعني بالضرورة كثرة المال أو ضخامة الثروة وإن كانت أحياناً تأتي تبعاً كصورة طبيعية له، ولكن إن ظهرت إنجازات الإنسان الخيرة والمميزة فلا شك أنه يكون قد حقق نجاحاً يريده الله من كل أبنائه.

أما إن وجد الإنسان نفسه خالياً من الإنجازات والنجاحات، فلابد أن يراجع قراراته التي يتخذها في عمله، هل هي مرتبطة بفكر المسيح ووصايا الكتاب المقدس؟ أم تقوم على مفاهيم الإنسان الطبيعي وليس الروحي فتؤدي بدورها إلى فشله.

كلما زاد إيمان الشخص وتعمق فهمه للوصايا وأصبح مسيحياً حقيقياً كلما زاد أيضاً في الجوانب الطبيعية ولو بعد وقتٍ.

نحن نعلم عن أبينا إبراهيم أنه رجل الإيمان، وقد وصل إلى القامات العليا في الحياة والوجود مع الله... ولكن هل نعلم أيضاً كم كان ناجحاً في حياته العملية؟ والتي ترتبط بصورة وثيقة بالنجاح الروحي؟

قيل عن إبراهيم في سفر التكوين أنه كان غنياً جداً في المواشي والفضة والذهب.(تك ١٤: ٢). وكلما كان يخطو خطوة من خطوات الإيمان كان الله يعطيه المزيد، فعندما حدث خلاف بينه وبين لوط ابن أخيه، أعطى إبراهيم للوط حرية اختيار الأرض التي يريدها فاختار لوط الأرض التي رآها معشبة وما تبقى من الأرض أصبح نصيب إبراهيم، وعندها قال له الرب "ارفع عينيك وانظر من الموضع الذي أنت فيه... لأن جميع الأرض التي أنت ترى لك أعطيها ولنسلك إلى الأبد وأجعل نسلك كتراب الأرض" (تك ١٣: ١٤).

كان قرار إبراهيم في أن يعطي للوط الأرض المعشبة ويأخذ هو الأخرى مبدأ روحياً، يوصي الله به في حب الآخرين وتفضيل الآخرين عن النفس والاكتفاء بالله، وبسبب هذا المبدأ الروحي والذي تم تطبيقه في الحياة العملية، ازداد إبراهيم في الغنى وكانت الأرض التي تبقت له أفضل بكثير من أرض سادوم وعمورة التي عاش فيها لوط واحترقت فيما بعد.

في هذا الكتاب الذي بين يديك عزيزي القارئ، نتكلم عن العمل الخاص أو (The Business) سواء في تأسيس الشركة، أو تحقيق أرباحاً أو زيادة المبيعات، إلى آخره... هو مجال يشتغل به بعض الناس، ويود أن يشتغل فيه بعضٌ آخر، وكلٌ حسب موهبته... نتكلم فيه عن كيفية النجاح من خلال روح الكتاب المقدس ووصاياه، فلكي نحقق ربحاً مثلاً في بداية نشر منتج أو خدمة نحتاج ألا نكون طماعين، أو نحتاج أن نكون أسخياء مع من حولنا فننال بالمثل وهكذا ندمج العلوم الطبيعية بأصولها الكتابية من أجل هدف لا يرفضه الله ولا نخطئ حينما نفكر في تحقيقه...

أن تصبح رجل أعمال ناجحاً لا يعني فقط أن تكون صاحب ثروة ولكن يعني أن تكون صاحب مشروع يخدم بيئتك ومجتمعك وتستحق في النهاية

أجرتك على تعبك فيه. ولكن لتتعلم أولاً الأصول والمفاهيم فتسير حسب نظام وترتيب.

ليبارك الرب كل عملك، وليكن هو الأول في اهتماماتك، وكل نجاح في أعمالك ليكن لك فرصة لتحدث في كم صنع الرب بك وفرصة لتقدم له الشكر دون انقطاع.

١. حلم الإنسان وكيف يتحقق

(رؤية روحية)

من المؤكد أن بعض الناس تستطيع تحقيق أحلامها والبعض الآخر لا يستطيع، هناك من يفرح بما قد وصل إليه من إنجازات وآخر يتساءل لماذا لم أستطع تحقيق حلمي؟

بعض الناس قد أصبحوا من أصحاب الشركات، يحققون مكاسب وأرباح غير متوقعة وآخرون لا يزالوا يبحثون عن فكرة لمشروع. هل هناك أسباب وراء ذلك؟ أم أنه مجرد حظ ورزق يوزعه الله دون أن يكون للإنسان عامل فيه؟

إن كان تحقيق الحلم يتوقف على عوامل غير مرتبطة بالإنسان نفسه، فلا داعي إذاً أن ندرس ونجتهد لنعرف كيف يتحقق الحلم أو المشروع، أما إن

كانت لدينا عقول لنفكر، فلندرس معاً والله يكمل المجهود... هناك أشياء تساعد الإنسان على تحقيق حلمه سنتعرض لأربع أفكار.

١. أحلام بإيمان في الله:

ُذكرت هذه الجزئية في كتاب سابق، سنوضحها بقليل من التفاصيل.

في سفر الخروج لموسى النبي ... كان لموسى النبى حلمٌ كبيرٌ يود تحقيقه، زُرع فيه وهو صغير ثم ابتدأ يسعى في تحقيقه عندما كبر:

"وحدث في تلك الايام لما كبر موسى انه خرج الى اخوته_لينظر في اثقالهم" (خر٢: ١١)

كان حلمه هو تخليص شعبه من العبودية وتحريرهم من الظلم، وما أن ابتدأ يحاول حتى انهالت عليه المشاكل والمخاوف، فقال له العبراني الذي كان يحاول موسى أن يفض النزاع بينه وبين أخيه:

"من جعلك رئيساً وقاضياً علينا أمفتكر أنت بقتلي كما قتلت المصري؟ فخاف موسى وقال حقاً قد عُرف الأمر. فسمع فرعون هذا الأمر فطلب أن يقتل موسى فهرب موسى من وجه فرعون وسكن في أرض مديان"

وانتهى حلم موسى قبل أن يبدأ.

ويمر أربعون عامٌ على موسى وهو هاربا في أرض مديان، ولكن ودون انتظار أو توقع يحدث شيء جديد، إذ بالله يخاطبه قائلاً:

"الآن هوذا صراخ بني إسرائيل قد أتى إلي ورأيت أيضا الضيقة التي يضايقهم بها المصريون فالآن هلم فأرسلك إلى فرعون وتخرج شعبي بني إسرائيل من مصر".

قد أعلن الله لموسى أنه جاءت الساعة أخيراً ليحقق حلمه الذي أمل فيه منذ أربعين عاماً.

ولكن هل تعرف ماذا كان رد موسى حينئذٍ؟

" فقال موسى لله من أنا حتى اذهب إلى فرعون وحتى اخرج بني إسرائيل من مصر"

ما هذا؟ ما الذي حدث لك يا موسى؟ أو ليس هذا هو الحلم الذي تمنيته وسعيت فيه بشجاعة قديماً؟ ما الذي تغير داخلك؟

إن موسى النبى كان لديه جرحٌ قديمٌ إثر محاولته السابقة الفاشلة ولم يستطع أن ينساه طوال الأربعين عام التي قضاها في مديان، وكان الله يعرف هذا فأطال أناته على موسى وظل يحاجيه ويضع له العلامات وفي كل ذلك كان موسى يرفض ويضع العراقيل، حتى قبل أخيراً أن يتمم العمل بصحبة أخيه هارون المتكلم عنه.

كثيراً ما تتأثر قراراتنا بخبرات سابقة فاشلة فيتحكم ماضينا في مستقبلنا، ولا نستطيع إعادة المحاولة.

لذلك فإن أول نقطة في قدرة الإنسان على الوصول للإنجاز الذي يتمناه هو تكراره للمحاولة إن طلب الله منه ذلك،

فلم نسمع قط عن أي من الناجحين قد وصل لما هو عليه من أول محاولة، ولكنهم قد استغلوا المحاولات الأولى الفاشلة وتعلموا من أخطائهم ليبدءوا من جديد.

لا تتسرع في الحكم على نفسك، ولا تأخذ عن نفسك انطباع لمجرد عدم نجاحك في أحد تجاربك... فانطباع الإنسان عن نفسه هو الذي يصبح عليه فعلياً.

يمكنك أن تحبط قليلاً ويتوقف نشاطك بعض الوقت إثر أي فشل، ولكن لا تضع هذا نهاية لمشروعك... دع الوقت يمر ثم حاول من جديد.

٢. أحلام نصل إليها بطريقة الله:

يعتقد الكثير من الناس أن أصحاب الأعمال لابد وأن تتدخل الوسائل البشرية في طرقهم ليحققوا أهدافهم بما في ذلك الخداع أو الرشوة أو النفاق وغيره... وقد يكون هذا صحيحاً فيصلون إلى الثراء ولكن دون أن يصلوا معه إلى السعادة أو السلام... أما طريقة الله فهي التي تصل بنا إلى الاثنين معاً... ولكن ما هي طريقة الله؟

لنقرأ معاً من سفر دانيال إصحاح ٥:

"بيلشاصر الملك صنع وليمة عظيمة لعظمائه الألف وشرب خمرا قدام الألف...

كانوا يشربون الخمر ويسبحون آلهة الذهب والفضة والنحاس والحديد والخشب والحجر.

في تلك الساعة ظهرت أصابع يد إنسان وكتبت بإزاء النبراس على مكلس حائط قصر الملك والملك ينظر طرف اليد الكاتبة.

حينئذ تغيرت هيئة الملك وأفزعته أفكاره وانحلت خرز حقويه واصطكت ركبتاه.

فصرخ الملك بشدة لإدخال السحرة والكلدانيين والمنجمين فأجاب الملك وقال لحكماء بابل أي رجل يقرا هذه الكتابة ويبين لي تفسيرها فانه يلبس الأرجوان وقلادة من ذهب في عنقه ويتسلط ثالثا في المملكة.

ثم دخل كل حكماء الملك فلم يستطيعوا أن يقرأوا الكتابة ولا أن يعرفوا الملك بتفسيرها.

ففزع الملك بيلشاصر جدا وتغيرت فيه هيئته واضطرب عظماؤه.

اما الملكة فلسبب كلام الملك وعظمائه دخلت بيت الوليمة فأجابت الملكة وقالت أيها الملك عش إلى الأبد لا تفزعك أفكارك ولا تتغير هيئتك.

يوجد في مملكتك رجل فيه روح الآلهة القدوسين وفي أيام أبيك وجدت فيه نيرة وفطنة وحكمة كحكمة الآلهة والملك نبوخذنصر أبوك جعله كبير المجوس والسحرة والكلدانيين والمنجمين أبوك الملك.

من حيث أن روحا فاضلة ومعرفة وفطنة وتعبير الأحلام وتبيين الغاز وحل عقد وجدت في دانيال هذا الذي سماه الملك بلطشاصر فليدع الآن دانيال فيبين التفسير.

حينئذ ادخل دانيال إلى قدام الملك فأجاب الملك وقال لدانيال

انت هو دانيال من بني سبي يهوذا الذي جلبه ابي الملك من يهوذا؟ قد سمعت عنك أن فيك روح الآلهة وأن فيك نيرة وفطنة وحكمة فاضلة.

والان ادخل قدامي الحكماء والسحرة ليقرأوا هذه الكتابة ويعرفوني بتفسيرها فلم يستطيعوا أن يبينوا تفسير الكلام.

وأنا قد سمعت عنك انك تستطيع أن تفسر تفسيرا وتحل عقدا فان استطعت ألان أن تقرا الكتابة وتعرفني بتفسيرها فتلبس الأرجوان وقلادة من ذهب في عنقك وتتسلط ثالثا في المملكة".

دانيال له فرصة في العظمة والثراء وقد جاءت إليه بنفسها دون أن يسعى هو إليها، وإن كان لا يريد كل هذا فعلى الأقل يكفيه أن يكون لديه هيبة واحترام أمام الملك حتى يعيش سنو حياته في سلام. ولكن رد فعل دانيال كان مختلفاً عما نتوقعه لتحقيق أحلامنا ومكانتنا في أي مجتمع، بدلاً من أن يجيب الملك برفق وتبجيل، بدلاً من أن يظهر احترام ويفسر الحلم، قد فضّل دانيال ألا يحابيه أو يبجله طالما قد عرف أنه ملك مرفوض من الله، فلم ينافقه أو يخافه أو يخشى على مكانته أو يتمنى الوعود التي وعده بها فها هو يرد عليه قائلاً:

" فأجاب دانيال وقال قدام الملك، لتكن عطاياك لنفسك وهب هباتك لغيري لكني اقرأ الكتابة للملك وأعرفه بالتفسير.

أنت أيها الملك فالله العلي أعطى أباك نبوخذنصر ملكوتا وعظمة وجلالا وبهاء وللعظمة التي أعطاه إياها كانت ترعد وتفزع قدامه جميع الشعوب والأمم والألسنة فأيا شاء قتل وأيا شاء استحيا وأيا شاء رفع وأيا شاء وضع. فلما ارتفع قلبه وقست روحه تجبرا انحط عن كرسي ملكه ونزعوا عنه جلاله.

وطرد من بين الناس وتساوى قلبه بالحيوان وكانت سكناه مع الحمير الوحشية فأطعموه العشب كالثيران وابتل جسمه بندى السماء حتى علم أن الله العلي سلطان في مملكة الناس وانه يقيم عليها من يشاء.

وأنت يا بيلشاصر ابنه لم تضع قلبك مع انك عرفت كل هذا.

بل تعظمت على رب السماء فاحضروا قدامك أنية بيته وأنت وعظمائك وزوجاتك وسراريك شربتم بها الخمر وسبحت آلهة الفضة والذهب والنحاس والحديد والخشب والحجر التي لا تبصر ولا تسمع ولا تعرف أما الله الذي بيده نسمتك وله كل طرقك فلم تمجده .
حينئذ أرسل من قبله طرف اليد فكتبت هذه الكتابة .
وهذه هي الكتابة التي سطرت منا منا تقيل وفرسين.
وهذا تفسير الكلام
منا: أحصى الله ملكوتك وأنهاه .
تقيل: وزنت بالموازين فوجدت ناقصا .
فرس: قسمت مملكتك وأعطيت لمادي وفارس .

دانيال لم يبجل أو يخاف الملك، طالما عرف أنه لا يستحق الإكرام إذ رفضه الله، لم يتبع الطرق البشرية التي نتبعها نحن لنصل إلى أهدافنا وكان من المتوقع أن يكون رد فعل الملك عنيفاً وانتقامياً بحسب المنطق البشري، ولكن الحقيقة هي أن من يتبع طرق الله هو الذي يصل لتحقيق المناصب الرفيعة والكرامة والغنى (مع كونه لا يحتاجها) وهكذا يكمل الكتاب:

" حينئذ أمر بيلشاصر ان يلبسوا دانيال الأرجوان وقلادة من ذهب في عنقه وينادوا عليه انه يكون متسلطا ثالثا في المملكة .
في تلك الليلة قتل بيلشاصر ملك الكلدانيين" .

بالرغم من كل ما قاله دانيال من نبوات عن هلاك الملك، إلا أن الملك كان مجبراً أن يمنحه كل الكرامة والثراء.

لا نحتاج أن نفهم ولكن يكفي أن نؤمن، قد نقوم بأعمال تؤدي إلى الخسارة بسبب أمانتنا وإتباعنا لوصايا الكتاب المقدس، ولكن ما يحدث في النهاية هو النجاح الحقيقي.

وصايا الله كثيرة، في الجزء السابق عرفنا أحد وصاياه الهامة والتي تقول، لا تخاف الرئاسات أكثر من الله، لا تجامل ولا تنافق على حساب الحق.

أما نجاحنا فيرتبط بكم الوصايا التي نستطيع تطبيقها فعلياً وعملياً في أعمالنا ومشاريعنا...

فهل تدرس الكتاب؟

٣. أحلام نشكر عليها الله:

لنبدأ بهذا الجزء من الإنجيل:

"فيما هو داخل إلى قرية استقبله عشرة رجال برص فوقفوا من بعيد.
ورفعوا صوتا قائلين يا يسوع يا معلم ارحمنا.
فنظر وقال لهم اذهبوا وأروا أنفسكم للكهنة ففيما هم منطلقون طهروا.
فواحد منهم لما رأى انه شفي رجع يمجد الله بصوت عظيم.
وخر على وجهه عند رجليه شاكرا له وكان سامريا.
فأجاب يسوع وقال أليس العشرة قد طهروا فأين التسعة.
الم يوجد من يرجع ليعطي مجدا لله غير هذا الغريب الجنس.
ثم قال له قم وامض إيمانك خلصك". (لو١٢)

ترى لماذا لم يقدم التسعة الشكر لمن شفاهم؟ هل نسوا ما كانوا عليه من برص وعار؟ هل اعتبروا ما هم فيه الآن حق من حقوقهم؟

أو لا نفعل نحن كثيراً مثلهم؟ فننال الكثير من الخير وننعم بالكثير من البركات مثل الصحة والدخل وأشياء كثيرة ولا نتذكر مصدر كل هذه الخيرات فنشكره على عطاياه.

صديقي، إن أردت أن تزداد في كل نجاح وعمل، فيجب أولاً أن تتعلم كيف تشكر أولاً على ما أنت فيه، وكيف تشعر بالنعم التي تعيش فيها.

٤. أحلام بعقبات يزللها الله:

"وكل من يجاهد يضبط نفسه في كل شيء أما أولئك فلكي يأخذوا إكليلا يفنى وأما نحن فإكليلا لا يفنى". (اكو ٩ : ٢٥)

يتمرن الرياضيون ساعات طويلة استعداداً لأي بطولة ، ويدخلون في معسكرات تدريب مغلقة، يتبعون برامج غذائية محددة ولا يمكنهم التهرب من أي مما سبق ذكره، نعم هم يضبطون أنفسهم من أجل الفوز بالبطولة ويختلف أداءهم عن أي شخص عادي غير محترف لا يبذل كل هذا المجهود.

فهل نفعل نحن نفس الشيء من أجل تحقيق أحلامنا؟ هل نضبط أنفسنا في كل شيء؟ هل نكف عن الخطية من أجل أن يبارك الله خطانا؟

إن أردنا أن ننجح مشروعنا الخاص فهل نعطي الوقت في الدراسات اللازمة له؟

لذلك إن قررت أن تنشئ عملاً خاصاً أو مشروعاً فاختر ما لا تمل أن تقضي فيه وقتك، لأنه سيأخذ الكثير منه؟ اختر ما تحب أن تعمله وتستمتع به،

لا تختر مشروعاً لمجرد كسب المال أو حتى تنال لقب رجل أعمال، ولكن اختر شيئاً تحبه، حتى إن لم يصبك النجاح في بداية سعيك فيه لا تكون قد خسرت وقتك، بل بالأحرى تكون استمتعت به.

٢. الفكرة نصف المشروع

هل تعتقد أن رجال الأعمال المشاهير أصحاب العديد من الشركات الكبرى كان في عقلهم كل أفكار هذه الشركات قبل تأسيسها؟

هل كانوا يتخيلون صورة شركاتهم وأنشطتها بعد عشرة أعوام من تأسيسها مثلاً؟

ربما كان لديهم التصورات المتفائلة ولكني لا أعتقد أنهم كان لديهم كل أفكار مشاريعهم؛ إن كانوا قد بدأوا بفكرة أحد المشروعات إلا أنهم لا يمكنهم أن يكونوا قد بدأوا بالأفكار جميعاً... إذاً من أين أتتهم الأفكار؟ وإن كانت الفكرة هي من أهم الأشياء لتأسيس أي شركة أو مشروع فكيف تكونت لديهم كل هذه الأفكار؟

ربما يمكنك أن تستنتج معي أن الأفكار تأتي بأفكار ولا يمكنك أن تصل إلى الفكرة النهائية إن لم تبدأ بمجموعة أفكار صغيرة في البداية، حسناً فالموضوع هنا قد أصبح سهلاً، لا تحتاج أن تفكر إلا في خطوة واحدة أمامك، مما هو متاح لديك، ومن هذه الخطوة تفكر في توسيع الفكرة، تكبيرها، تكرارها أو تطويرها.

حسناً ربما تسأل، كيف تأتي بهذه الفكرة الصغيرة التي تبدأ بها، فهي أيضاً ليست سهلة...

الفكرة التي تبدأ بها تنشأ من احتياج تراه في دائرتك أو مجتمعك،

إن لم تعرف ما الذي يحتاجه الناس حولك لن يمكنك أن تصنع من أجلهم مشروعاً يفيدهم ويفيدك.

صاحب المشروع هو إنسان يتطوع لإضافة خدمة يحتاجها الناس حوله، فإن رأى مشروع منافس (في مجال يتقنه) وهذا المشروع لا يقدم الخدمة بالطريقة الملائمة هنا يستطيع أن يبدأ مشروعه على أساس تنافسي يخدم مجتمعه ويقدم قيمة مضافة للناس. أو إن رأى المنافس لا يستطيع أن يفي باحتياجات الناس جميعاً فيكون لدوره معنى واحتياج.

قرأت في مقدمة كتاب رائع للترانيم الموسيقية، كتب صاحبه أن فكرة كتابه نشأت عندما دخل المكتبة يبحث عن نوعية كتب موسيقية ولم يجدها فقرر أن يبادر هو ليوجدها في المكتبات وكان لكتابه انتشاراً واسعاً.

قد ضاقت بمصر المساحات الخضراء والأندية حتى وصلت قيمة الاشتراك بالأندية المعروفة إلى مبالغ خيالية، فنشأت فكرة لدى بعض المبدعين أن يؤسسوا نادي على نفس مستوى الأندية الأخرى طالما احتاجه

الناس بهذا الشكل ولا يجدون الفرصة لسبب أسعار العضويات العالية جداً؟ وكان هذا هو سبب نجاحه، فوصلت عضويات النادي الجديد من بضع عشرات إلى بضعة ألوف في غضون شهور(ولا يزال المجتمع يحتاج للمزيد). وإلى هنا لم يتوقف النمو، ولكن كانت هذه هي الفكرة الأولى، فبعد أن يتواجد الأعضاء وتتولد لديهم الثقة في أصحاب المكان، فما الذي يمنع تقديم المزيد من الخدمات لهؤلاء الناس، وقد فعلوا هذا بالفعل ففكروا في بناء شقق سكنية لأعضاء النادي، ثم شاليهات ترفيهية على أي من الشواطئ الساحلية، وماذا يمنع أيضاً تكرار فكرة النادي في منطقة أخرى وهكذا توالت الأفكار دون أن تنتهي لمجرد أن بدأت الفكرة الأولى ونجحت، فنجاح الفكرة الأولى ليس فقط يمنح القدرة على التمويل المادي ولكن يعطي الدافع لنجاح المزيد من الأفكار والأهم من ذلك يوفر العميل الذي يثق في مقدمي الخدمة والمشروع ويمكنه أن يقدم بثقة على شراء المزيد من الخدمات وتشجيع الآخرين أيضاً.

الفكرة البسيطة:

قد تأتي لك فكرة بسيطة وتكون كذلك فعلاً ولكن بالطبع لن تكون هذه نهاية المطاف أو غاية مشروعك، ولكن تكون هذه الفكرة هي المادة الخام والتي إن عملت بها قليلاً تمنحك القدرة على خلق مزيداً من الأفكار من خلالها، وتطويرها وتغييرها أو على الأقل تتعلم درساً لماذا لم تنجح هذه الفكرة وماذا قد يكون أكثر صواباً ورشداً فيما بعد؟

لذلك لا تهمل الأفكار التي تجيء، فكر فيها وجربها فهي المصدر لأفكار أخرى أكثر جوده وقابلية للتنفيذ والنجاح.

فكرة صديقك:

إن الناس تتكامل مع بعضها البعض، فلكي تؤسس مشروعاً لا تحتاج أن تكون صاحب الفكرة ولكن من الممكن أن تكون الداعم لآخر صاحب فكرة ولكن ليس لديه المقدرة أو التخيل على كيفية تنفيذها، أو حتى يحتاج من يشجعه ليبدأ، ومن هنا جاءت كلمة شركة لأنها تبنى على شراكة بعض الأفراد يكملوا أوجه المشروع لينجحوه.

رأي الناس في مشروعك:

ماذا تعتقد؟ هل رأي الناس مهم فيما أنت مقدم عليه أم لا؟ هل أرائهم تعرقلك أم تشجعك؟ هل جيد أن تخفي فكرة مشروعك حتى تظهر للنور أم تعلنها قبل أن تكون؟

يحكى أن أحدهم جاءته فكرة مشروع، وكانت الفكرة هي استيراد هدايا صينية قبل عيد قومي وتوزيعها بانتشار وبكثرة في العيد نفسه، وكان يتوقع انتشاراً شديداً لهذه الهدايا بسبب سعرها وتوافقها مع المناسبة. أخفى فكرته عن الجميع حتى تكون جديدة ومؤثرة حين تظهر للنور؛ اتفق مع المورد الصيني ودفع له مبلغ كبيراً من المال ليحصل على كمية كبيرة من هذه الهدايا وبسعر رخيص، حتى جاءت ساعة الصفر بالنسبة له وقبل أيام من بدء هذا العيد ابتدأ يتوجه للموزعين الكبار لعرض هداياه الصينية المميزة عليهم ، فإذ بهم يخبرونه أنهم بالفعل قد استوردوا هذه الهدايا بعينها من الصين أيضاً وبأرخص من السعر الذي اشتراهم هو به. وكانت ردود الموردين كالصاعقة بالنسبة له فقد دفع مبلغاً كبيراً من المال ولا يدري ماذا يفعل بما قد تم استيراده.

إن إخبار الناس بالفكرة تعطي فرصة للحوار وأخذ في الاعتبار أوجه نظر أخرى قد تكون مخفية عن الشخص نفسه ولا يكتشفها إلا عندما

يتحدث مع الناس ويعرف أرائهم وأفكارهم... ولكن هناك نقطة أخرى هامة جداً يجب أن ننوه لها، ليس معنى أن هناك آخر لا يقتنع بما أفعله أو يسخر منه أنه على حق، لذلك من المهم أن أسمع رأي الآخر وأفكر فيه ولا يعني هذا أن أقتنع به وأتبعه. حتى أنه في سفر سيراخ يوجد آية جميلة تقول : "نفس الإنسان قد تخبر بالحق أكثر من سبعة رقباء يرقبون من موضع عالٍ" (يشوع بن سيراخ ٣٧ : ١٨)

الثقة بالنفس:

كثيراً ما تتأثر تصرفاتنا بآراء الآخرين، أو نتصرف بناء على ما يتوقعه أو ينتظره الآخرون منا، فلا نستطيع أن نخرج عن الشائع أو المألوف خوفاً من آراء الناس ولسان حالنا يقول : "الناس هايقولوا عني..." "الناس هاتقول..." وبسبب هذا الخوف من أحكام الناس لا نحقق ذواتنا.

يحتاج الإنسان ألا يهاب فكرة الناس ورأيهم طالما هو يثق أن ما يفعله حسنٌ ولا يضر أحداً.

ما الذي يضيرك إن قالوا عنك أنك مختلف عن الناس أو عن الطبيعي أو المألوف، أو هل حقاً هذا ذمٌ أم مديح؟ كن واثقاً من نفسك إن بحثت جيداً داخلها ووجدت نفسك لا تخطيء.

ماذا يكون حكمك إن رأيت أحد زملائك يأتي العمل راكباً دراجة؟ إني أتوقع سخرية وتهكم الشركة بأكملها، ويتحول هذا الزميل إلى مصدر الفكاهة في الشركة لشهور، ولكن من هو حقاً المستفيد؟ أليس راكب الدراجة هذا هو الذي يحافظ على صحته ولياقته؟ وتقول الأبحاث العلمية أن الإنسان الصحيح الذي يعيش عمراً طويلاً هو الذي له بعض العادات الصحية من بينها ممارسة الرياضة على الأقل ساعتين اسبوعياً.

سافرت في مرة لأحد الدول الأجنبية والتقيت برئيس مجلس إدارة هيئة رفيعة وكان رجلاً وقوراً يحترمه الجميع، وفي نهاية اليوم وقد خرج العاملون من المبنى ليقلوا المواصلات راجعين إلى منازلهم وإذ فجأة أرى رئيس مجلس الإدارة هذا يركب دراجة كوسيلة مواصلات خاصة !

رجل في هذا المنصب وبهذا الغنى ويركب دراجة؟ نعم إن ثقته بنفسه واستمتاعه بوقته وحفاظه على صحته كانت عنده أكثر أهمية بكثير من أراء الناس.

٣. من الذي تثق فيه لاستثمار أموالك عنده؟

منذ عدة سنوات، تكلم مع أخي أحد أصدقائه مقنعاً إياه أن يستثمر أمواله في البورصة، واقترح عليه سهماً محدداً، وكان هذا السهم له سعر متدني جداً وعلى مدار شهور ارتفع أضعافاً، وأقنعه صديقه أنه قد حقق أرباحاً هائلة من استثماراته في البورصة، تحمس أخي للموضوع واشترى كمية كبيرة بمبلغ كبير من هذا السهم الذي اقترحه عليه صديقه، وابتدأ بتفاؤل يتابع الجريدة ويتابع سعر السهم يومياً، وما أن مرت عدة أيام على الصفقة حتى ابتدأ سعر السهم في الهبوط، ولا يكترث أخي في البداية لأن البورصة بها الصعود والهبوط ، ولكن المشكلة أن هبوط سعر السهم ظل يتوالي يوماً بعد الآخر دون توقف، حتى بدى واضحاً أن أخي قد خسر ثمانون في المائة من المال الذي دفعه في هذه الصفقة؛ وقد علق عليه بعض زملائه

قائلين له أنه سيعُلن في الجريدة قريباً أن من استثمر أمواله في هذا السهم عليه أن يأتي ليدفع ديون الشركة!

إن كان ما حدث له قد يضحكنا قليلاً، ولكن لابد أن يكون له سبب، لماذا تظن أنه خسر؟ هل المشكلة في البورصة، في السهم، في صديقه أم في قراره؟

يجب أن يعرف الإنسان هدف استثماره قبل أن يستثمر أمواله،

قد قلنا قبلاً أن استثمار الأموال لمجرد كسب المال، ليس بسبب كافٍ ونبيل للإقبال على التجربة،

ولكن عوامل أخرى يجب أن تصحب استثمار هذا المال، أولها أن يعرف الإنسان لمن يعطي المال ولماذا وماذا يضيف لمجتمعه ولنفسه؟ حتى أنه وفي أسوأ الحالات إن خسر لا يكون نادماً لأنه قد قدم شيئاً لمن حوله.

البورصة:

تقوم الشركات في البداية على شراكة واستثمار مجموعة مغلقة من الناس يعرفون بعضهم في معظم الأحيان يضعون مالهم أو مجهودهم حتى ينجح عمل الشركة وإنتاجها ثم يحصدون الأرباح في حينه، ولكن يتساءل آخرون لماذا لا نستطيع نحن أيضاً أن نشارككم فيما تفعلونه؟ نحن نملك المال ونستطيع أن نشترك معكم في توسيع نشاطكم أو رأس مالكم حتى يكبر الإنجاز بازدياد عدد المساهمين فيه... وهنا يدرج مجلس إدارة الشركة اسم شركتهم في البورصة المفتوحة حيث يفتحون الباب لأي أحد سواء يعرفونه أو لا يعرفونه أن يستثمر معهم أمواله فيكون شريك لهم... يساعدهم دون

أن يعرفهم شخصياً وهم يمنحونه الأرباح دون أن يعرفوه شخصياً، وهكذا تتحول الشركة من نشاط قائم على استثمار عدد قليل من الناس إلى نشاط قائم على استثمار مئات الناس فتكبر الشركة وتتطور بسرعة أكبر كثيراً. وكلما كان أداء الشركة جيداً، كلما تحمس آخرون للاستثمار فيها، فيصبح أداؤها عاملاً أساسياً لنموها المتزايد، لأن عدد المساهمين سيكون أيضاً متزايد.

ولأن ما سبق ذكره هو مبادئ قيمة تخدم الجميع، قامت البورصة وثبتت أقدامها في كل البلاد.

ولكن أين يحدث الخلل؟ ومتى يتحول الموضوع إلى خسارة؟

يأتي الخلل عندما يعتمد قرار المستثمر على الشائعات، فيختار شركة بالتحديد يشتري أسهمها ليس لما تقدمه هذه الشركة، ليس لاقتناعه بقضيتها أو خدماتها، بل قد لا يكون على دراية أصلاً بنشاطها، فيستثمر فيها لمجرد أنه قيل له أن السهم يرتفع فيها... نعم يرتفع الآن وسيهبط غداً، فما الذي تستفيده؟

قد يتحول أيضاً الاستثمار إلى لعبة يلعبها المضارب في البورصة لا يعتمد فيها إلا على الحظ، والحظ بطبيعته سيحقق له أرباحاً في أوقات وخسائر في أوقات أخرى ولن يستطيع المضارب أن يوقف مشاركته بعد المكسب لأنه سيطمع في المزيد من المكاسب، وسيبقى فيها حتى يخسر.

يظن أيضاً بعض المضاربون في البورصة أن الموضوع يتوقف على الذكاء فيدخلون بذكائهم ويخسرون أيضاً، لأنهم فاقدون لمعنى ما يقومون به ولا يعرفون لماذا يضاربون سوى أنهم يريدون الحصول على المال السريع وليس أكثر، والله لا يمنح إلا لمن يجتهد من أجل الحصول على المال.

أما الهيئات الاستثمارية والبنوك التي تضع الأموال في البورصة فالحال بالنسبة لها يختلف كثيراً، فالأموال التي يضعونها هي حتمية استثمارية لما لهم من سيولة نقدية هم مطالبون بتحقيق الأرباح منها من أجل فائدة عملائهم، وما يضعونه من أموال في البورصة هو يدعم بلا شك الاقتصاد ككل، ولا يعتمدون في مضاربتهم على الحظ أو الشائعات بل لديهم عاملون ونظم واسعة لدراسة الشركات المختلفة التي تستحق الاستثمار فيها ومع ذلك هم مرتبطون أيضاً بالاقتصاد الذي هم جزء منه، فحتى إن هبط بهم مؤشر البورصة فهذا لا يعني بالنسبة لهم الانسحاب، لأن دورهم هو الاستثمار ومساعدة الاقتصاد على القيام من أي انتكاسة.

ولننظر أيضاً من وجهة نظر الشركات التي تطرح أسهمها في البورصة المفتوحة، قد تهدف شركة غير مستقيمة أن تطرح الأسهم من أجل إمكانية بيع أسهمها لآخرين قد لا يعرفون حقيقة أوضاعها والتي قد لا تكون على أحسن حال فيطمح المستثمرون الأصليون في تحقيق أرباحاً ليس من عمل الشركة وإنجازاتها ولكن من لعبة البورصة وبلا شك تنحدر قيمة سهم هذه الشركة مهما صحبتها دعاية وشائعات.

ولكن هناك شركة أخرى جادة تطرح أسهمها في البورصة من أجل فتح الدعوة للجميع لمشاركتهم النجاح وزيادة هذا النجاح، من أجل حسن نواياهم ومن أجل تحقيق الطموحات الواسعة والتي لا يمكن أن يصنعها فرد أو مجموعة بقدر ما يصنعها كل الشعب معاً. ولهؤلاء يزداد سعر السهم ويحققون النجاح.

من الذي تستثمر لديه؟

هناك بعض الأسئلة التي يجب أن تسألها أولاً لنفسك قبل أن تقدم على الاستثمار لدى شخص بعينه أو مع شريك بذاته:

- جودة المشروع من حيث الفكرة والتخطيط وأسلوب العمل.
- لماذا هذا المشروع بالذات وما الذي يقدمه مختلفاً عما هو موجود بالفعل؟ سؤالك هذا هو نفس السؤال الذي سيسأله أي عميل وبالتالي يشتري المنتج أو لا يشتريه، فإن استطعت أنت أولاً أن تجيب على السؤال فمن المؤكد أن يجد العميل أيضاً الإجابة على سؤاله.
- مدى فهمك لهذا النشاط وهل لديك بعض الخبرة فيه أم أنك مجرد مالك للمال فقط؟ عندما تستثمر فيما لا تعرف عنه أي شيء قد لا يعطيك الفرصة المناسبة لتقييم المشروع وإمكانية نجاحه، ولكن هذا لا يعني ألا توسع دائرة معارفك، فيمكنك أن تبدأ أولاً بالدراسة واستشارة من هم في نفس المجال للحصول على خبراتهم أولاً.
- مدى معرفتك بالشخص الذي تضع لديه أموالك وثقتك فيه. الثقة بالناس حسنة ولكن الثقة الزائدة عن الحد قد لا تمنحك السلام الداخلي والاستمتاع بالاستثمار، من الرائع أن تعرف الشخص جيداً وسابقة أعماله قبل أن تمنحه ثقتك.
- هل المشروع يفيدك أنت أيضاً كمستخدم وعميل؟ أنت واحد من الناس وإن كنت أول المستفيدين فلن تكون أبداً آخرهم ولكن إن لم تكن أنت مستفيد على الإطلاق فلا تتوقع أن يستفيد غيرك من مشروعك.
- إن خسرت فيه أموالاً هل تستطيع أن تفتخر بكونك على الأقل صنعت عملاً جيداً والمال ليس كل شيء ؟ إن الإنسان ينفق المال أو يناله من أجل أن يستمتع بحياته كل يوم في حضرة الله، فإن لم ينل

الإنسان المال من استثماره هل يستطيع أن يستعيض عن ذلك باكتفائه بالمساعي الجيدة التي سعى فيها، أو بالعمل بغض النظر عن الربح؟

○ ما هو مقدار الربح المنتظر مقارنة بالمجهود المبذول لوضع المال والضغط النفسي المصاحب لاحتمالية الخسارة؟ يجب أن ترجح كافة الربح سواء المادي أو المعنوي مقارنة بالمجهود المبذول أو حجم المخاطرة، إن الربح السريع بلا شك ليس هو التفكير الأمثل المعتدل في الحياة وإلا كنا ذهبنا لصالات المقامرة بحثاً عنه، ولكن هذا لا يعني ألا يدرس الإنسان الاستفادة مقارنة بالمجهود وإن لم ترجح كافة الاستفادة فمن الأصلح إذاً أن يكمل الإنسان بحثه عن الاستثمار الأفضل.

إن فكرة المشروع الذي لا يتطلب في البداية رأس مال كبير بقدر ما يتطلب خبرة وموهبة القائم بالمشروع، هو في رأيي يستحق المحاولة بلا تردد لأنه مشروع بلا خسارة حتى إن لم ينجح، أما ما يتطلب رأس مال كبير في بدايته فهذا ما يجب أن يؤخذ بالتدريج... فيضع الإنسان جزء محسوب ومحدود مما يملك وينتظر رد الفعل والعائد، ثم يزيد هذا الجزء وهكذا فتكون خطاه ثابتة نحو النجاح وليست مغامرة غير محسوبة. فليس النجاح في العمل حظ بل هو حكمة يمنحها الله لمن يطلبها.

○ هل يرتاح محبوك وأقاربك لقرارك؟ هل تستطيع أن تقنعهم هم أيضاً فيتحمسون معك لاستثمارك ويشجعونك؟ إن رأي الناس حولك شيء هام لا يمكن إغفاله فهم من يحبونك ومن قد يكون لهم خبرة حياتية أكثر منك، قدرتك على إقناعهم هي علامة نجاح مشروعك، لأنك إن لم تعرف أن تقنع المقربين منك فكيف تقنع العميل أو الغريب عنك بشراء منتجك أو خدمتك؟ إن لم تعرف كيف تقنعهم بالحجة

والبرهان فيكف تثق أن تفكيرك أفضل منهم؟ ولكن إن كانوا من النوع الشكاك والخطأ فيهم، فيمكنك أن تعرفهم كيف يثقوا في قراراتك إن كنت قد نجحت قبلاً في أعمالٍ صغيرة كانوا قد حكموا هم عليها بالفشل. إذاً لا تدخل في الرهانات الكبيرة والاستثمارات العظمى مرة واحدة دون اقتناع من حولك بها، ابدأ أولاً بما قد يمنحهم الثقة فيك، وعندما تدخل المشاريع الكبيرة ستجدهم يشجعونك ويؤيدوك.

○ هل وضعت احتمالية الخسارة وعرفت كيف تتعامل معها إن حدثت؟ يتعرض الكثير من المستثمرين إلى الأزمات النفسية لأنهم لم يضعوا في حساباتهم احتمالية الخسارة وكيفية التعامل معها. يجب أن نخطط لحالات الفشل مثلما نخطط تماماً للنجاح. كنت قد سألت يوماً أحد رجال الأعمال قبل إقدامه على أحد المشاريع، ماذا تفعل لو لم ينجح المشروع؟ ماذا تفعل لو لم يأتي العملاء؟ وفي كل سؤال من هذه الأسئلة التشاؤمية كان يقدم لي بلا تفكير العديد والعديد من الحلول الأخرى، والاختيارات البديلة، وفي جميعها هو المستفيد... وكان واضحاً أنه يضع في حساباته كل الاحتمالات بما فيها الفشل، وكان قادراً أن يتعامل مع هذا الفشل لأنه كان محسوباً، فهو لن يصاب بأزمة إن خسر بالفعل ولن يتأثر محبوه وأسرته بخسارته المحسوبة، لأنه كان حكيماً.

٤. كيف تدير شركتك وتتعامل مع من حولك.

إن علم الإدارة هو علم كبير له علماؤه ولسنا بصدد شرحه في هذا الكتاب، ولكننا سنتعرض فقط لمقتطفات من المبادئ الهامة في الإدارة والتي قد ترتبط في بعض الأوقات بوصايا كتابية وتعاليم مسيحية.

- **وجود النظام (The System):**

تفتقر للأسف الكثير من الشركات لوجود نظام محدد نمطي معروف لكل عامل أياً كانت صفته في الشركة، فيجتهد كل عامل بالشركة على قدر ما يراه حسناً أو لصالح الشركة، ولذلك إن ذهب مدير وجاء آخر تبدل حال الشركة واختلفت الأوضاع.

أما في الهيئات التي لها مقدرة إدارية عالية، فمهما اختلف الشخص يبقى الأداء بنفس الكفاءة، لأن الشخص ببساطة لا يرتجل من واقع تخيله الخاص ولكن يسير على نظام محدد ومعروف، بمهام واضحة له وللآخرين.

الشركة الناجحة هي التي تستطيع أن تدرب العامل بها على نظام محدد، يفهم فيه دوره بالتحديد وما هو منتظر منه لتقييم نجاحه.

جودة النظام:

قد يتواجد النظام والذي يتبعه كل الناس بدقة، ولكن يتحول هذا النظام إلى روتين فلا يتم تجويده أو تحديثه وتسهيله ليلائم الناس جميعاً بمختلف فئاتهم واحتياجاتهم.

إن أي نظام لابد أن يختبر ويطور ويعدل، يوماً بعد الآخر في ظل تطور الحياة وظهور التقنيات الحديثة، فليس من المعقول أن تسير مؤسسة بنفس نظامها الموضوع منذ عدة أعوام...

الآخر أولاً في الشركات الكبرى:

إن الهدف الأخير من تطوير أي نظام هو راحة العميل بكل الطرق والوسائل، والشركات التي تعرف كيف تحقق هذا تصل بلا شك إلى أعلى معدلات الربح والنجاح، فمثلاً شركات المحمول العملاقة اقتدرت في إرضاء العميل حتى أنها توفر خدمة العملاء ٢٤ ساعة يومياً بلا أجازات، فيتصل العميل الساعة ٤ صباحاً مثلاً فيجد موظف لبق يجيبه بأدب شديد على كل تساؤلاته ومعايير تقييم هذا الموظف هي التزامه بالجمل المحفوظة والمهذبة للتخاطب ويراقبونه في ذلك، بل ويدربونه على ما هو أكثر تطوراً في فن التخاطب مثل كم مرة عليه أن يذكر اسم العميل أثناء المحادثة لأن لهذا أثره في إرضاء العميل. **وإرضاء العميل هو السبيل**

لنجاح الهيئة حتى وإن كانت هيئة خيرية أو حكومية لا تأخذ أجراً عن خدماتها.

فالهيئة عليها أن تقوم بدورها كما يجب أو لا تقوم به على الإطلاق.

لم تتعلل الشركات بكيفية توفير الناس التي تسهر في هذه الدوريات، وهذا لحسن إدارتها، ولم يشتك أي من الموظفين من هذه المواعيد. على عكس ما قد تفعله هيئة أخرى في إجبار العاملين على دوريات متصلة دون راحة لا تؤدي إلا لنقمة العامل وبالتالي سوء الخدمة.

- **شكوى العميل:**

شكوى العميل هي الطريق السهل لمعرفة كيفية تطوير طريقة العمل، فشكوى العميل هي نتيجة قصور في العمل أو قصور في التعامل مع توقعات العميل، ولا يمكن تبرير شكواه بأي حال من الأحوال على أنها شكوى لا يمكن حلها، الحل موجود فقط أمام الشركات الناجحة، أما الشركة التي ليس بها حسن إدارة فقد لا يكون للشكوى حل بالفعل. إن شكوى واحدة من عميل في أمر معين لا تعني أنها شكوى فردية أو تقصير محدود ومقبول لأن أي شكوى تصل إلى مسامع المسئول تحمل ضمنياً وجود آلاف العملاء الآخرين الذين لهم نفس الشكوى ولكن ليس لديهم الوقت أو المبادرة ليقدموا شكواهم.

تهتم الشركات الناجحة بالحصول على تقييم العميل أو نقده بعد تقديم الخدمة، ويتحول هذا التقييم أو النقد إلى دستور وجب تنفيذه، ويتم تحويله إلى القائمين على التنفيذ للقيام بالتعديلات ثم محاسبتهم بعد فترة من الوقت.

أتعامل مع بعض الشركات المزدهرة، تمنحني خصماً وعروضاً إن قبلت أن أكتب لهم تقييمي أو شكواي! إنهم حقاً مختلفون.

ازدهار الآخرين:

يقول الكتاب: "مقدمين بعضكم بعضاً في الكرامة" (رو١٢ : ١٠)

تبقى مشكلة المناصب والمراكز قائمة وقد يعتقد الإنسان أنه لا يعاني منها طالما شعر أنه في وضعه ومكانته ولكن ما أن يختبر قليلاً ارتفاع زميله عليه حتى تظهر المشكلة وتؤرقه ولكن يعلمنا الكتاب المقدس أن النجاح الحقيقي هو عندما تقدم الآخر على نفسك، وكلما ارتفع وازداد من هم حولك كلما ارتفعتَ أنتَ ونجحت.

ازدياد الآخرين لا يحول دون ازديادك بل بالعكس هو سبب ازديادك أنت، وخاصة مرءوسيك أو من هم في درجة أو منصب أقل منك، فارتفاعهم لا يعني أنهم سيأخذون مكانتك بل يعني أنك ارتفعت أكثر طالما ارتفع من هم في درجة أقل... نعم فهذا منطقي.

كفى اهتمام بذاتك إن كنت تهتم بنجاح أعمالك، فعندما تنكر ذاتك، تتمجد ويعلو شأنها.

من الذي تقوم بتعيينه في الشركة؟

عن أي شيء تبحث؟ عن صديق لك في الشركة أم عن عامل يجيد العمل؟ إن كانت مواصفات من تبحث عنه لتعيينه هو أن يكون شخصية مريحة لطيفة تتخذه لك صديقاً ولا تحتاج منه الكثير من العمل التقني، فليس من العيب أن تختار من بين أصدقائك ومعارفك شخصاً تعينه، أما إن كنت تبحث عن شخص يجيد عملاً خاصاً له مهارات محددة وكفاءة خاصة فاحذر من أن تختاره من أصدقائك، أو من فئة معينة أو مذهب محدد، فالصداقة أو التحيز كثيراً ما يغفلان عن العيوب أو يتغاضيا عن المستوى المطلوب، فتخسر عاملاً كان من الممكن أن يحدث فرقاً في أداء شركتك وتقل أرباحك ولا تعرف السبب، ولكن ها هو واضح، فالشخص غير

المناسب يأخذ حق آخر أكثر استحقاقاً منه بالمكان، وتكون أنت قد اتبعت الواسطة التي كنتَ تشكو منها مراراً وأنت صغيراً تبحث عن عمل.

كما اختار السيد المسيح في رسله بطرس ويعقوب، فهو اختار أيضاً متى العشار ويهوذا الاسخريوطي؛ مثلما قبل الصيادين البسطاء قد قبل بولس العالم الفريسي الأصل. فاعرف إذاً كيف تختار.

كنت أهتم كثيراً فيما مضى أن يكون العاملون معي في نفس فريق العمل من الأصدقاء والمعارف، إلى أن اكتشفت أن الذين ينضمون وأنا لم أكن أعرفهم من قبل والذين يتم اختيارهم بناء على اختبارات صادقة لاختيار المستحق فيهم، هؤلاء يصبحون فيما بعد أصدقاءا جدد كنت حقاً سأخسر معرفتهم إن لم أكن عادلاً في طرح فرصة العمل على الجميع.

- **المناقصات والعطاءات أم الأمر المباشر؟**

هناك بعض الشركات الكبرى التي تمنح فرصة التنافس لكل من يود المحاولة مع كل مناقصة تطرحها، فتعطي دائماً فرصة الفوز لمن هو أفضل في كل مشروع على حدة. أما توزيع العمل بالأمر المباشر اعتماداً على معرفة سابقة بمورد دون غيره فهو أسلوب يحجب أحياناً رؤية الشركة عمن كان من الممكن أن يكون أجود وأفضل سعراً... الاعتماد على مورد أو شركة دون غيرها ومنحها المشاريع دون منافسة يدفعها للتراخي والإهمال في الأداء ورفع الأسعار، لأن المنافسة لم تعد موجودة. لذلك فإن منح الفرصة للجميع ليقدموا عروضهم في كل مشروع، قد يمثل مجهوداً أكبر وقد يحتاج إلى وقتٍ أطول ولكن النتيجة تختلف معه كثيراً عن من يعتمد على مورد واحد ولا ينوي تغييره.

✚ التقرير اليومي أساس العمل الجماعي:

يشتهر الصينيون بقدرتهم على العمل الجماعي، وفي مقارنة قدرات فرد صيني بآخر مصري يتفوق المصري بسهولة، ولكن عند مقارنة مجموعة صينية بمجموعة مصرية يتفوق الصينيون بسهولة... وقد عملت لبعض الوقت مع شركة صينية عملاقة، ووجدت مفتاحاً من أهم مفاتيح العمل الجماعي لديهم، وهو التقرير اليومي.

يُجبر كل موظف بالشركة كبيرٍ أو صغيرٍ على إرسال تقرير يومي بالبريد الالكتروني عن انجازات يومه ليس لمديره فقط ولكن لمديره ولأفراد فريقه ولأفراد كل الفرق الأخرى التي يتعامل معها... وقد كانت استجابتي في البداية لهذا المطلب متباطئة حيث لم أعتد على ذلك ولم أدري أهميته، ولكني وجدت نفسي أراجع كل يوم التقارير التي يرسلها الآخرون لأبني عليها عملي اليومي حتى فهمت أهمية تقريري لغيري، حيث لا يمكن أن تفقد أي حلقة أثناء العمل لأن الجميع يعملون بنفس واحدة يعرفون كيف يتعاونون مع بعضهم بعضاً... وهذا الأسلوب يختلف تماماً عن أسلوب من يحجب المعلومة ويحجب ما يفعله في عمله وكأنه أسرار عسكرية أو ملكية خاصة، مدعياً بفظاظة: "عملي ولا يجب أن يتدخل فيه أحد"

الشفافية في العمل والمشاركة مع الآخرين عنصر هام جداً لنجاح أي عمل.

✚ القرارات العاطفية والانفعالات المؤقتة:

كثيراً ما يمر الإنسان في عمله بضغوط ومشاكل، قد يحتمل هذه الضغوط حتى تمر بسلام وقد ينفعل معها فيتخذ قراراتٍ عاطفية تجعله يخسر كل ما قد نجح فيه قبلاً.

منذ عدة سنوات كنت أعمل في شركة أجنبية باجتهاد وكنت كثيراً ما أنال تقدير وتشجيع رؤسائي بسبب النتائج الجيدة في العمل حتى حدث يوماً أن تبدلت الظروف رغماً عني نتيجة وشاية وضغوط أحد الشركات الكبرى والتي كانت عميلاً هاماً لدينا، ولشدة اندهاشي تم إجبار رؤسائي على إنزالي من درجتي الوظيفية بعد أن كنت رئيساً لقطاع وجعل أحد مرؤوسي مديراً عليّ، كان التصرف الطبيعي والمنطقي لأي أحد ينال عقوبة عوضاً عن مكافأة مستحقة أن يقدم استقالته دون أن يؤنبه ضميره، ولكني أحسست وقتها أنه يجب عليّ ألا أتخذ قراراً عاطفياً متسرعاً وأعطيتُ لنفسي فرصة شهراً كاملاً لا أتخذ قراراً فيه، وطلبت من الله أن يظهر يده العادلة والضابطة للكل في هذا الشهر، وقبلتُ أن أتضع وأنقص وأحتمل وضعي الجديد أمام الناس، حتى أن من أخذ منصبي عوضاً عني كان كثيراً ما يحاول استعراض نفوذه ومضايقتي بشكل أو بآخر ولكني احتملت باختياري منتظراً أن أرى بشغف يد الله وكيف ستعمل، وما حدث بعد ذلك كان عجيباً، لم يستطع من أخذ منصبي أن يتعامل مع متطلبات عمله الجديد، لأنه لم ينل الإعداد الكافي له وخجل أن يسألني لأنه كان قد فضّل قبلاً أن يضايقني، ونتيجة لازدياد الضغوط والمهام عليه أصيب بضغط نفسي دخل على إثره المستشفى، وهنا أيضاً لم يستطيع رؤسائي أن يعيدوني إلى منصبي القديم بسبب بعض السياسات الخارجية، فقرروا إرسالي إلى فرع الشركة الرئيسي وعندما ذهبت واستلمت بعض المهام ومن بينها المراجعات، اكتشفت خطأ فادحاً غير مقصود بمبالغ ضخمة يتكرر في كل الفواتير التي كان يتم الموافقة على دفعها للمقاولين الذين يعملون معنا وبإمضاء رؤساء عدة في القطاعات وفي الفرع الرئيسي، لم يكن على أي من العاملين في الفرع الرئيسي لوم ولا على العاملين بالقطاعات أيضاً لوم لأن العاملين بالقطاعات يفهمون البند بطريقة تقنية

تختلف تماماً عن تفسير البند من وجهة نظر العقد الموقع مع المقاول، وقد استطعت اكتشاف هذا الخطأ لأن الظروف قد شاءت أن أعمل بالقطاع وأفهم البند تقنياً وأن أعمل بالفرع الرئيسي وأراجع البند قانونياً... ولشدة غرابة الاكتشاف اعتقدت أني لابد أن أكون مخطئاً في شيء ما، فاتصلت بالمقاول لأسأله مواجهة وإذ به يتلعثم ولا يعرف كيف يجيب؛ ققفز قلبي من الفرحة وعرفت حينئذٍ أن الله أراد أن يعوضني ويكافئني عما قد مرّ بى قبلاً... ودون أن أتوانى رفعت الأمر لأصحاب القرار بالشركة، وتم استرجاع المبالغ الضخمة وصدر حينئذٍ قرارٌ ألا تمر ورقة هامة للتنفيذ دون أن تحمل توقيعي وأن أترقى إلى رئيس عدة قطاعات أديرهم من المركز الرئيسي بالشركة.

إن أعمال الله وحده مجيدة تدفعنا كل يوم لأن نقف مع الثلاثة فتية ونسبحه من كل القلب فقد جزنا في الماء والنار وأخرجتنا يا رب إلى الرحب.

- **الضغط على المرءوس مع عدم إهمال مكافأته:**

قد يحتار القائد في مقدار الأعمال التي يطلبها من العاملين معه، إن كان مكثراً قد يسأمون ويعترضون أو إن كان مقللاً قد يقل الإنتاج وتقل فاعلية العاملين... ولكن ما هو أفضل للجميع هو العمل الكثير والإنتاج الفعال طالما يوجد احتياج لذلك، مع عدم إهمال المكافأة المناسبة والتقدير الصادق لهذا المجهود المبذول.

- **لا تقف متفرجاً:**

قد تكون مديراً وترى تقصيراً من أحد العاملين وتسعى في إقناعه وتحفيزه وإتباع كل الطرق النفسية لدفعه للعمل، وأنت لا تدري ما الذي دفعه لهذا التقصير،للأسف لم تعرف ما الشكوى التي يشكو منها؛ إن

تقصير العامل والذي يعتبر تقصيراً مستجداً عليه هو دعوة شخصية لك لكي تعمل واجبك نحوه، فيجب أن تعرف كيف تحل مشكلته التي تؤرقه وإن عرفتها لا تحتاج بعد ذلك لكل الوسائل النفسية لدفعه للعمل ولكنه سيعمل من نفسه لأنك قد حللت مشكلته قبلاً...

إن أردت أن تأخذ ما تريد من شخص ما، فاعرف أولاً كيف تعطيه ما يريده هو...

كنت في أحد المرات أسعى لتأجير عقار، وبعد أن توصلت للعقار المناسب واتفقت على السعر، كانت لي بعض المطالب الأخرى والتي كنت أود أن يلبيها صاحب العقار من دهانات وترتيبات بالعقار قبل أن استلمه، إلا أنه كان مصراً على ألا يقدم أي شيء آخر، وحاولت بطرق عديدة إقناعه حتى أني عرضت زيادة في السعر ولم يرضى... إلى أن تدخل أحد شركائي وتكلموا معه وفي دقائق قليلة رضي أن يقوم بالمهام التي كنت أريدها، وعندما تفحصت في الأمر لأعرف لماذا قد وافق هذه المرة، عرفتُ أنه قد طلب منهم طلباً في طريقة التسجيل الإداري للعقار تؤدي إلى خفض بعض من تكاليف الضرائب عليه، (قد مرّ علىّ هذا الموضوع قبلاً وأنا أناقشه واعتبرت مطلبه لا يشكل أهمية كبيرة لأن ما يسعى في توفيره كان مبلغاً ضئيلاً جداً)، ولكن بعد أن استجاب شركائي لاحتياجه وطلبه، وافق هو بسهولة على طلباتنا... كن مراضياً لخصمك سريعاً إذاً.

⬥   تقسيم المهام – السهولة شرط العمل:
كانت أحد الوظائف الإدارية، وكان دور الموظف فيها هو تسجيل وإحصاء ساعات العمل الإضافية للعاملين وغيابهم وبدل سفرهم وبعض

الأشياء الأخرى، وكلما كان يستلم أحد هذه الوظيفة كلما تظهر الشكاوى وتتعدد فيشعر مدير القسم أنه لم يحسن اختيار الموظف القائم بهذه المهمة فينقله في مهمة أخرى ويأتي بآخر بدلاً عنه... حتى شعر أن هذه هي آخر القدرات البشرية والخطأ وارد وكف عن الاستجابة لشكاوى العاملين...

ولكن هل بذلك هو على حق؟

يمر بعض الوقت ويوصي مدير أعلى في المنصب بإتباع سياسة مختلفة كانت هي تعيين اثنين لهذه الوظيفة بدلاً من واحد، كان يقوم أحدهم بحساب ساعات العمل الإضافية والآخر الغياب والسفر، وما أن قام بهذا التغيير حتى انتهت الشكاوى تماماً... نعم، فالمشكلة لم تكن في تقصير العامل واحتياجه لمزيدٍ من الأمانة وبذل المجهود في عمله، ولكن كانت في كيفية تحديد المهمة المناسبة لكل شخص حتى ينجح فيها.

التشجيع ضرورة حتمية:

لا يمكن لأي شخص أن يتواصل في عمله دون ملل إن لم ينل التقدير المناسب والتشجيع، الراتب ليس هو التشجيع، ولكن معرفة انجازه هو الذي يدفعه للمزيد... وهذه الطريقة هي الأكثر فاعلية لحسه على المزيد من العمل والإنتاج. وفي المقابل الطريقة الأقل فاعلية هي اللوم، فقلما نجح اللوم في تغيير الإنسان، بل على العكس يؤدي إلى إحباطه وإلى المزيد من التكاسل والتقاعس عن الإنتاج؛ فاحذر اللوم ليس فقط في أعمالك ولكن في كل تعاملاتك مع أصدقائك ومعارفك أو حتى أقاربك.

هل تتذكر كيف خاطب السيد المسيح بطرس بعدما أنكره، لم يوجه له لوم ولم يتناقشا في تفاصيل الخطأ ولم يدافع بطرس عن نفسه لأنه لم يوجه له أحد أي نقدٍ، ربما أزاد هذا من اعترافه بخطئه... بل خاطبه السيد المسيح برفق موضحاً له أنه قد سامحه.

- **الاعتماد على أهل الخبرة:**

لا تحتاج أن تدرك كل جوانب الأمر حتى تنجزه، هذا إن عرفت كيف توكل من له الخبرة ليقوم بالعمل بدلاً عنك.

- **السجلات:**

إن تسجيل كل ما يخص الشركة من أرقام وتواريخ وعملاء وغيره دون الاعتماد على الذاكرة مهما كانت المعلومات بسيطة، هو ضرورة لنجاحها إدارياً، بما في ذلك أوقات القرارات الهامة وبدايات المحطات والوقفات المختلفة للشركة، حتى يستطيع المدير فيما بعد تحديد الجداول الزمنية السليمة للمشاريع القادمة.

قاعدة البيانات المدونة والمتاحة لكل من يحتاجها تساعد في دقة العمل وسرعته.

دخلت مرة في إحدى الصيدليات بكندا ووجدت المسئول عن المحاسبة يسألني إذ كنت قد زرتهم قبلاً فأجبته بالنفي، فطلب مني بياناتي ليقوم بتسجيلها... ولم يكن هذا النظام قاصراً على هذه الصيدلية بل وعلى كل الصيدليات هناك، ليس هدفه من التسجيل إرسال الدعاية فيما بعد، بقدر ما هي دقة في متابعة الأداء واسترجاع المعلومة وسابقة مشتريات العميل إذ قد يكون لها احتياج فيما بعد.

- **إنشاء الملفات:**

في حالة عدم الاعتماد على برامج كمبيوتر جاهزة متطورة يمكن إنشاء أي ملف اكسل طبقاً لاحتياج العمل وبنوده والتي تخدم سهولة المتابعة

والحصول على أي معلومة في أي وقت، فنجاح العمل يرتبط بمراقبته وتحليل بياناته وتطوره واستخدام هذا التحليل في التعديل والتجويد.

ومن أمثلة هذه الملفات ملف الدخل والمنصرف، ملف متابعة العملاء والصفقات، ملف تخطيط السيولة المالية، ملف متابعة تنفيذ المشاريع، إلى آخره.

وطريقة الملفات لا تستخدم فقط على مستوى الأعمال بل إن تطبيقها على المستوى الشخصي كثيراً ما يسهل حياة الفرد، فعليه أن يسجل مثلاً التواريخ والمبالغ المدفوعة في أي نشاط يشترك فيه ولا سيما إن كان متكرراً ويحتاج لمتابعة كاشتراك النادي أو التليفزيون أو غيره.

☘ متطلبات تأسيس الشركة للمبتدئين:

تحتاج الشركة قبل أن تزاول نشاطها الحصول على شيئين أساسيين هما السجل التجاري والبطاقة الضريبية، أما إن كان نشاط الشركة يقوم على بيع المنتجات فتحتاج أيضاً أن تحصل على بطاقة ضريبة المبيعات قبل مزاولة نشاطها.

وأصبح قانون الشركات في مصر مؤخراً يقبل أن تبدأ الشركة برأس مال عشرة آلاف جنيها وربما أقل؛ وينصح بمتابعة هذه الإجراءات والتي لا تعتبر معقدة مع أحد مكاتب المحاسبة أو المحاماة ومن المعروف أن إجراءات تسجيل أي شركة لا تأخذ أكثر من شهر أو شهرين على الأكثر.

ومن المهم جداً الاهتمام بتقديم الميزانية ومتابعة الضرائب سنوياً، وضريبة المبيعات شهرياً.

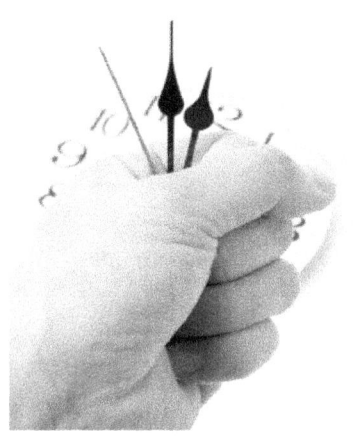

٥ . علم إدارة الوقت والعلوم الاستثمارية الأخرى

إن الموهبة الإدارية أو موهبة تأسيس عمل خاص أو شركة ناجحة لا تعتمد فقط على صفات الشخص الطبيعية وإن كانت مهمة ولكن تحتاج أن تثقل بالعلم والدراسة. الذي يقرأ ويتعلم يختلف عمن يجرب ويخطئ، فالدراسة والتدريب يوفران نصف الطريق، والعلم قد تم تأليفه لمساعدة كل شخص في مجاله.

من العلوم الهامة واللازمة للمشاريع والأعمال الخاصة، هو علم إدارة الوقت لأن أي إنتاج يعتمد على فاعلية الإنسان في استخدام وقته، والإنتاج المتميز للشركة يخفي وراءه بلا شك استغلال جيد للوقت.

هناك أفكار رئيسية في علم إدارة الوقت سنعرض بعضها نظراً لأهميتها وسهولة تطبيقها:

تختلف الأعمال ما بين مقدار أهميتها ومقدار العجلة لتنفيذها:

غير عاجل	عاجل	
٢	١	هام
٤	٣	غير هام

(صورة١)

إن تأملنا في الجدول (صورة ١) سنلاحظ أن الأعمال تتنوع ما بين هامة وعاجلة مثل المربع١، أو غير هامة وغير عاجلة مثل المربع ٤.

وإن سألنا أي الأعمال سيبدأ بها أي شخص برنامجه اليومي؟

سنجيب بتلقائية بأنها المربع ١ بلا شك، وهذا صحيح حيث يجب علينا أن نبدأ بالأعمال الهامة والعاجلة.

أما آخر الأعمال التي سننتهي بعملها فتكون: المربع ٤ وهي الأعمال غير الهامة وغير العاجلة.

ولكني ماذا تعني المربعات الأخرى: مربع ٣ يتكلم عن مهمة عاجلة ولكنها غير هامة، مثل أن يرن جرس التليفون، هي مهمة عاجلة ولكن من قال أنها هامة؟

أما المربع ٢ فهو يتكلم عن أعمال هامة ولكن ليست مطلوبة في الحين.

هناك سؤال يجب أن نسأله حتى نتعلم كيفية إدارة الوقت وهو في أي من المربعات يقضي معظم وقته من يجيد إدارة الوقت؟

الإجابة لن تكون المربع ١ هذه المرة، بل المربع ٢. الذي هو في الأعمال الهامة وغير العاجلة.

إدارة الوقت بالطريقة المثلى تكون في قضاء معظم الوقت في الأشياء الهامة وغير العاجلة ،

وهذا ليس معناه ترك الأعمال الهامة والعاجلة بل معناه أنه لا يوجد مهام مطلوب تنفيذها هامة وعاجلة... كيف يحدث هذا؟

إن استطاع الإنسان أن يتوقع مسبقاً *(anticipate)* ما هي المهام التي ستطلب منه في المستقبل القريب أو البعيد وابتدأ يعمل على تنفيذها الآن سيمتلئ وقته حينئذٍ بأعمال هامة (لأنها ستطلب منه) وغير عاجلة (ليست مطلوبة الآن)، حتى متى طلب منه بالفعل تنفيذ العمل لا يقع تحت ضغط الوقت وضيقه لأنه كان قد عمل عليه قبلاً في وقت الرحب وأنهاه.

أحد الشركات الكبرى أدهشت عملائها بسرعة الاستجابة في الأداء لبعض الخدمات المضافة التي يطلبها العميل بعد أن يكون قد حصل على المنتج، وكان يتساءل العملاء كيف يقدمون الخدمة بهذه السرعة مع كون العمل في ذاته لابد أن يأخذ وقتاً، حتى عرفوا أن الشركة تقوم بتنفيذ الخدمة قبل أن يقدّم العميل طلب الحصول عليها وعندما يقدم الطلب فعلياً ما يكون عليهم سوى تفعيل الخدمة والتي يكون قد سبق تنفيذها. واتبعت الشركة هذا النهج بعد عملها لإحصائيات أظهرت أن ٩٠% من العملاء يطلبون خدمة مضافة بعد شرائهم للمنتج.

إن التوقع والتخطيط المستقبلي هو الذي يعطينا الفرصة لنقضي أوقاتنا في العمل الهام غير العاجل فلا يشكل ضغطاً علينا، وعندما يحين موعد تنفيذه ننعم بسرعتنا وجودة أدائنا. ونتخلص بصورة دائمة من أي ضغط نفسي يصاحب ضيق الوقت وعدم القدرة على الالتزام بالبرنامج الزمني.

إن كنت ستهاجر بعد عدة سنوات مثلاً فهل ابتدأت من الآن تقوية لغتك والحصول على المعادلات الدراسية المطلوبة أم تنتظر حتى تسافر لتعاني من ضيق الوقت في العمل والمذاكرة؟

فكر فيما تود أن تكونه بعد ثلاث سنوات أو خمس سنوات، وابدأ في العمل عليه من الآن، افحص وقتك وفي أي شيء تقضيه، وما هو هدفك من قضائه في نشاط بعينه؟

التخطيط هو أساس نجاح أي فرد وأي مؤسسة، و"الفشل في التخطيط هو تخطيط للفشل".

كيف تتغلب على ما يسرق وقتك؟

- **التفويض :*(delegation)***

تعلمّ أن توكل شخصاً آخر بدلاً عنك عندما يكون ممكناً، فيكون مسئولاً أمامك، ولكن لا تنسى أن تمنحه السلطة وتمنحه إمكانية الخطأ. لن يستطيع أن يقوم بالدور تماماً كما كان من الممكن أن تقوم به أنت وعليك أن تقبل هذا النقص لأن النتيجة النهائية والإنجاز العام سيكون في النهاية في مصلحتك أنت.

■ **الأولويات:**

قد لا ينتظر العميل سرعة العمل بقدر ما ينتظر حسن التعامل، فاعرف ما هي أولوياتك، الاهتمام بتوقعات الناس والتعامل مع ردود أفعالهم كثيراً ما يكون أكثر أهمية من العمل نفسه.

■ **تقسيم المهمة إلى أجزاء:**

لا تستطيع أن تعرف إن كنت ستلتزم بالبرنامج الزمني لتسليم مشروعك، إن لم تضع برامج زمنية أصغر لبعض محطات مشروعك أثناء تطوره. مثال آخر يوضح فكرة تقسيم المهمة: الطالب الذي يذاكر وينوي أن ينهي أحد الكتب قبل الامتحان، لن يعرف إن كان ذلك سيتحقق أم لا إن لم يحدد مدد زمنية أصغر لإنهاء بعض الفصول التي يحتويها الكتاب.

■ **الواقعية وحسن التقدير:**

يجب أن يقبل الإنسان في النهاية ومع كل طموحاته الواقع الذي أمامه، فلا يمكنه أن يدعي قدرات وتوقيتات لا يمكنها أن تتحقق، وعندما يحسن التقدير ويقبل بواقعه يستطيع أن يتعامل مع هذا الواقع الجديد بأسلوب أفضل.

■ **عدم التأجيل والمماطلة في المهام المملة:**

قد يمر الإنسان بمهام مملة، ولكن إن كانت واجبة فلن يستفيد شيئاً من المماطلة فيها، وستبقى صداع في رأسه إن لم يتعامل معها بالرغم من عدم رغبته.

■ **التحكم فيما يضيع الوقت** *(تليفون، تليفزيون، كمبيوتر،...):*

قد ذكرنا قبلاً أن ضبط النفس ضروري من أجل تحقيق الأهداف والأعمال الكبرى، أما ما يسرق الوقت فيجب أن نضبط أنفسنا فيه ونلاحظه، قد يكون التليفون أو الأحاديث غير الضرورية، وقد يكون التلفاز أو برامج لا تضيف للإنسان أي شيء أو أي نشاط آخر لا يبني ويأخذ وقتاً أكثر من حقه في الترويح عن النفس، يجب أن نعرف كيف نضبط كل هذا.

- **الرياضة والنوم الكافي مكسب للوقت:**

من عاداتنا الخاطئة أننا نضيع الوقت في كل شيء ونأتي لنقطة الرياضة ونقول ليس لدينا وقت لها بسبب المشغوليات والأعمال، والمشكلة في أساسها هي عدم إدراكنا لأهمية الرياضة، فما أستفيده من وقت الآن عندما لا أخصصه لممارسة الرياضة أخسره أضعافاً فيما بعد من رقاد في الفراش بسبب الأمراض... فلا أحد يمكنه أن ينكر دور الرياضة في الحفاظ على الصحة ورفع المعنويات وتحسين أداء الإنسان وتركيزه وتجديد نشاطه... إلى متى سنبقى على عاداتنا غير الصحية؟

تقول الإحصائيات أن متوسط عمر الفرد في جمهورية مصر العربية هو ٧٢ عاماً بينما متوسط عمر الفرد في الدانمارك مثلاً هو ٨٠ عاماً، وقد سافرت مرة إلى الدانمارك وكنت أرى عجائز في التسعين من عمرهم يركبون دراجاتهم الخاصة ويتنقلون بها، وكنت أرى في الصباح الباكر كل شعب الدانمارك تقريباً في الحدائق العامة يمارس رياضة العدو، ولم أستطع إلا أن أجرى أنا أيضاً مثلهم كل صباح فلا يمكنني أن أبقى في المنزل والشعب كله يجري في الشارع...

أما عن النوم، فبلا شك الراحة والاعتدال في أخذ الأقساط الكافية من النوم تساعد على زيادة إنجاز الفرد وتركيزه.

هل يعلمنا الكتاب المقدس إدارة الوقت؟

لنقرأ من سفر عزرا الإصحاح العاشر:

كان عزرا يود أن يخرج شعب بني إسرائيل كل النساء الغريبة وأولادهم الذين اتخذوهم لأنفسهم، ولكن كانت المشكلة في كيفية تنفيذ هذا العمل لأنه كان عملاً كبيراً وصعباً في ذلك الوقت وهكذا كتب:

" فأجاب كل الجماعة وقالوا بصوت عظيم كما كلمتنا كذلك نعمل.

إلا أن الشعب كثير والوقت وقت أمطار ولا طاقة لنا على الوقوف في الخارج والعمل ليس ليوم واحد أو لاثنين لأننا قد أكثرنا الذنب في هذا الأمر.

فليقف رؤساؤنا لكل الجماعة وكل الذين في مدننا قد اتخذوا نساء غريبة فليأتوا في أوقات معينة ومعهم شيوخ مدينة فمدينة وقضاتها حتى يرتد عنا حمو غضب إلهنا من اجل هذا الأمر.

ويوناثان بن عسائيل ويحزيا بن تقوة فقط قاما على هذا ومشلام وشبتاي اللاوي ساعداهما.

وفعل هكذا بنو السبي وانفصل عزرا الكاهن و رجال رؤوس أباء حسب بيوت أبائهم وجميعهم بأسمائهم و جلسوا في اليوم الاول من الشهر العاشر للفحص عن الأمر.

و انتهوا من كل الرجال الذين اتخذوا نساء غريبة في اليوم الأول من الشهر الأول".

أما عن إدارة الوقت فنجدها واضحة فيما قد وضع تحته خط في الآيات السابقة وتظهر في النقاط الآتية:

١. قرروا أن يقوموا بالعمل في أوقات معينة، فالموضوع قد خضع لتخطيط، وليس تنفيذ دون إعداد مسبق.

٢. قرروا أن يعملوا مدينة فمدينة، وقد ذكرنا قبلاً أن في أي مهمة أو مشروع علينا تقسيمه إلى أجزاء ومحطات.

٣. هناك بعض الناس الذين كان دورهم المساعدة: وهذه النقطة تخص التفويض في الأعمال، علينا أن نفوض الآخرين للعمل معنا.

٤. أنهوا العمل في شهرين ولم ينسوا أن يدونوا متى بدأوا ومتى انتهوا، ويظهر جلياً أهمية السجلات وتدوين التواريخ المختلفة.

علوم أخرى:

قد تكلمنا عن علم إدارة الوقت والذي هو هام جداً في النجاح العملي والأعمال الخاصة؛ هناك أيضاً علوم ومهارات يمكن البحث فيها، مثل مهارة التفاوض، علم إدارة المشروعات، علم المحاسبات وغيرها من العلوم.

٦. كيف تزيد دخلك وتحقق أرباحاً؟

هناك مبادئ روحية وأخرى طبيعية تساعد الإنسان على زيادة دخله وأرباحه؛ ولا يوجد خطأ أو تناقض عندما نقول أن المبادئ الروحية من الممكن استخدامها في زيادة الدخل أو في تحقيق أهداف إنسانية طبيعية وهذا لأن نجاحنا في حياتنا العملية شيء يرضي الله، فلا يمكن أن أعرف كيف أصلي دون أن أعرف كيف أعول أسرتي مثلاً أو أن أعرف كيف أخدم الله في الكنيسة دون أن أعرف كيف أشهد له بنجاحي في عملي، نتكلم في هذا الفصل عن هذه المبادئ بصفة عامة، وفي الفصل القادم سنشرح عشرون تقنية وأسلوب للبيع يحققون نتائج هائلة وأرباحاً متزايدة.

أول المبادئ الطبيعية:

١. العالمية والخروج خارج النطاق:

لم تعد المشاريع التي تكتفي بالسوق المحلي تحقق الأرباح المطلوبة فقد أصبح العالم منفتحاً كلٌّ على بعضه، ومن ينجح في إنتاجه أو مشروعه أو كفاءة علمه يمكنه أن يسوق ذلك في العالم كله... لأن التسويق أصبح سهلاً من خلال الإنترنت، لكن نحتاج أن نفكر في ملائمة إنتاجنا وأفكارنا ليس للمستهلك المحلي فقط بل لأي مستهلك كان...

نحتاج أن نخرج من النطاق ونتحرر من القيود الجغرافية لنحقق النجاحات المطلوبة.

اتجه العالم للتجارة الالكترونية والانترنت كمجال لالتقاء الناس جميعاً... ودون أن ندري سيتحول هذا إلى المجال الأسهل والوحيد لكل تعاملاتنا وأعمالنا.

عندما أريد أن أشتري كتاباً وخاصة الكتب غير المتاحة في المكتبات العادية، أدخل على أحد المواقع الشهيرة فأجد الكتاب وأتصفحه أيضاً ثم أطلب شراءه فيصلني حتى المنزل بعد أن أدفع ثمنه من خلال الكارت الائتماني.

وكثير من الأعمال قد أصبحت هكذا أسهل، فلكي أحصل على أعمال ترجمة مثلاً، فما عليَّ إلا أن أقارن بين الشركات على الإنترنت وأختار إحداها، أرسل لها الأوراق المطلوب ترجمتها بالبريد الالكتروني وانتظر العمل.

لذلك فمكاتب الترجمة التي لا تستطيع أن تنشئ موقعها الخاص على الانترنت لا يمكنها أن تحقق أرباحاً كافية...

وكل من له موهبة لن يخسر شيئاً في بيعها وجعلها متاحة عبر الانترنت، فيمكن لأي شخص قد أحسن وأبدع في شيء ما أن يجعل عمله متاحاً للبيع دون أن يدفع شيئاً مقابل هذا... يمكن لمهندس البرمجيات أن يعرض برامجه، للمصور أن يبيع صوره، للموسيقى أنغامه وهكذا... وأمثلة لهذه المواقع الشهيرة والتي تقبل أن توزع وتنشر أعمال الناس المختلفة وتحول المكسب فيما بعد لأصحابها (www.amazon.com)

٢. المنافسة والصبر على المكاسب:

كثيراً ما يطمع صاحب العمل في بداية أعماله في الربح الكثير، ولا يعرف أن ينتظر، فيعظم هامش الربح وهو بذلك يخسر بدلاً من أن يزيد مكسبه، يجب أن يبدأ نجاح الفرد بالصيت الجيد وليس بالربح المادي، ثم بعد ذلك يبحث عن هذا الربح.

أعرف بعض الشركات في بداية أي عمل لها مع عميل جديد تقدم له أسعار بها خسارة لهم، حتى يقبلهم العميل، وبعد أن يعرفهم ويفضل أن يتعامل معهم يقدمون له الخدمات بسعرها المناسب والذي يحتوي على هامش الربح المطلوب.

يجب أن نعرف أن زيادة الربح تعتمد على كثرة المستفيدين من الخدمة التي نقدمها لهم، وليس بالتصرف المناسب أن نحاول الحصول على كل الربح من بعض العملاء القليلين الذي يجربون الخدمة المقدمة، إن الشركات العالمية يقوم مكسبها على كثرة توزيعها لمنتجاتها على مستوى العالم كله فيزداد عدد المستخدمين وتتعاظم أرباحهم وهذا هو السبيل الوحيد للمكاسب الكبيرة، أما محاولة استغلال القليلين الذين يبدءون بتجربة خدماتنا فهو طريق غير صحيح ولا يؤدي إلى النمو أو الازدهار.

٣. جودة الدعاية:

لا يستطيع أحد أن ينكر تأثير الدعاية على المبيعات... ولكن لا يجب أن تأخذ صوراً مبتذلة وتصبح دعاية ليست في محلها أو ليست في نظام واعتدال، مثل تلك المنشورات التي توزع على الناس في الكنائس بعد القداسات من ناحية تحمل صورة دينية ومن الناحية الأخرى الهدف الحقيقي وراء التوزيع وهو التنويه عن مشروع معين... فليست هذه هي الطريقة المناسبة ولا المكان المناسب للإعلان عن المنتج.

إن خصصت الكنيسة لوحة إعلانات فهذا يكفي... والوسائل الأخرى المنظمة خارج الكنيسة في مقابل أجر تكفي أيضاً.

ولنتطرق الآن للمبادئ الروحية التي تزيد دخل الإنسان:

يقول الكتاب: " النفس السخية تسمن والمروي هو أيضاً يروى" (أمثال ١١ : ٢٥) ويقول أيضاً: "من يزرع بالشح فبالشح أيضاً يحصد ومن يزرع بالبركات فبالبركات أيضاً يحصد" (٢كو ٩ : ٦) فالمبدأ الروحي الأول هو:

١. السخاء:

لا يمكنك أن تكون بخيلاً في تعاملاتك مع من هم حولك من موظفين ومرءوسين وعمال أو عملاء، ثم يعطونك ناتجاً يرضيك أو عائداً وفيراً...

ولكن كلما كنت سخياً في تعاملاتك معهم كلما أرادوا أن يرفعوك ويقدمون لك بالأكثر... بادر بالعطاء، بعطائك السخي ولن يبقوا أبداً مدينين لك، بل كلما أعطيت الناس من حولك كلما ردوا لك أضعافاً... كنت أتعامل مع أحدهم في عمل خاص وقضينا أوقاتٍ طويلة قبل بدء العمل نتفاوض في السعر، وأخيراً بدأ في عمله وكان يتفانى فيه ويقدم أكثر مما تم الاتفاق

٥٤

عليه، وما أن انتهى العمل حتى وجدتُ نفسي مجبراً أن أكون سخياً في الأجر كما كان هو سخياً في عمله، فأعطيته أكثر مما تم الاتفاق عليه أيضاً وأكثر من المبلغ الذي قضينا فيه ساعات نتفاوض... نعم فكنت مرغماً نفسياً لكونه بدأ بالسخاء وأعطاني في عمله أكثر مما كان المفروض أن يعطيني. إنها قاعدة لكل من يريد أن يكسب كثيراً.

قاعدة سهلة جداً ولا تحتاج إلى رجل أعمال عبقري، إن أردت أن تكسب كثيراً فأعط كثيراً،

لشركائك أو لعملائك، وما تزرعه تحصده، بل وتحصد أكثر منه بكثير. كلما سعيت في كنز المال كلما نقص منك واحتجت له، أما كلما سعيت في إعطائه بحكمة ورضا كلما سعى وراءك وازداد.

والعطاء لا يجب أن يكون فقط في المال ولكن عليك أن تفكر كيف تعلي شأن من يشاركونك العمل، عليك أن تفكر في مصالحهم ومستقبلهم... وبينما أنت تفكر في ذلك يعلون هم شأنك ويهتمون بمصالحك دون أن تحتاج حتى أن تطلب ذلك أو تسعى فيه.

٢. عدم الخوف:
قيل عن شعب بني إسرائيل يوماً. *"الذين خوفا من الموت كانوا جميعا كل حياتهم تحت العبودية" (عب ٢ : ١٥)*

كثيراً ما نخاف ويؤثر ذلك سلبياً على قراراتنا، مثل إنسان متزوج ويخاف كثيراً على استقراره. تأتي له فرصة عمل جديدة جذابة ومربحة وإلى حد ما موثوق بها، فيخاف أن يقتنص الفرصة، لأنه لم يعتد أن يغير

عمله، فيفكر في أن العمل الجديد هو شيء مجهول بالنسبة له، ولا يثق كثيرا بيد الله التي تسنده وتساعده لينمو في حياته ويحقق مطالب أسرته، فيرفض العمل وما كان تصرفه إلا خوف وعدم ثقة، وتعاني أسرته من قلة دخله وعدم طموحه!

ليس معنى ذلك أنه يجب على الإنسان أن يقبل كل فرصة عمل جديدة تعرض عليه لمجرد زيادة دخله، ولكن يجب على الإنسان أن يعرف السبب الحقيقي لرفضه الفرصة الجديدة، هل ذلك نتيجة مقارنة حكيمة؟ أم هو رد فعل تلقائي نتيجة خوف مزمن على الاستقرار وعدم قبول التغيير.

هناك أيضاً من يخاف أن يستثمر أمواله ويفضل الحفاظ عليها في حسابه في البنك، وما يدخره الإنسان ليس بمشكلة ولكن عدم سعيه في استثمار ولو جزء قليل منه في رأيي ليس بالاختيار الصائب.

قد أوصى السيد المسيح بالمتاجرة بالوزنات (متى ٢٥)، وإن كان يقصد أن نستفيد ونعمل بعطاياه الصالحة، فالمال أيضاً هو أحد عطاياه وجيد أن نخدم بها مجتمعنا ونستثمرها دون أن نخاف بمبالغة عليها فنفضل أن نكنزها.

ولكن لنقتني الحكمة في قراراتنا حتى لا يتحول الاستثمار إلى تبديد أو تبذير.

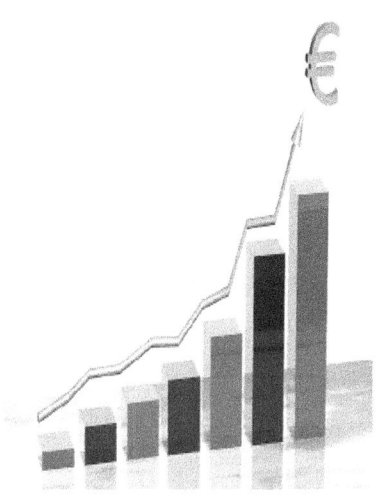

٧. ٢٠ تقنية وأسلوب لتحقيق مبيعات هائلة

إن البيع ليس حكراً على مندوبي المبيعات الصغار، وليس هو درجة من العمل أقل قيمة من غيرها، بل إن العكس صحيح... البيع هو مهنة رؤساء مجالس الإدارة وأصحاب المؤسسات الاستثمارية الكبرى والوزراء أحياناً كثيرة...

فوزير البترول مثلاً قد يكون هو المسئول عن بيع الفائض من منتج وطنه لبلد آخر، من خلال الشركات العاملة في بلده، فيحتاج أن يعقد اللقاءات لدفع الاستثمارات أو بمعنى آخر لبيع المنتج.

رئيس مجلس إدارة شركة محمول، يعقد لقاءاً مع وزيراً للاتصالات ليبيع له قدرات شركته في تنفيذ الشبكة حتى يحصل على رخصة التنفيذ...

إذاً قد تختلف الفئات وقد تكون على أرفع المستويات وتتكلم في أغلى الصفقات ولكن كل ذلك هو أيضاً في النهاية عملية بيع تنجح فيها كل طرق وتقنيات البيع بجانب العوامل السياسية الأخرى.

سنعرض هذه التقنيات في عشرين بنداً ولك أن تجربها بنفسك.

١. أعرف من هو عميلك:

قد قلنا قبلاً أن صاحب أي مشروع يجب أن يعي احتياج الناس حوله حتى يستطيع أن يقدم لهم مشروع يفيدهم ويفيده، ومعرفة العميل هو أيضاً جزء لا يتجزأ من القدرة على البيع، فيجب أن تعرف من يجب عليك أن تخاطبهم؟ من الذين يحتاجون لك ولمنتجك أو خدمتك؟ ما هي خصائصهم وما هي صفاتهم؟ من الذين يثقون بك ويستجيبون لك؟ أي فئة من الناس؟ لأنك لا يمكنك أن تحاول مع جميع الناس بشكلٍ عشوائي بل كلما كانت الفئة محددة ودقيقة كلما نجحت في البيع.

٢. فكر في مصلحته أولاً:

لن تعرف أن تبيع شيئاً إن كنت لا تفكر إلا في نسبتك أو دخلك أو ربحك، ولكن إن كنتَ تفكر كيف يستفيد هو؟ ولماذا من مصلحته أن يشتري منك ما تعرضه عليه؟ ستعرف كيف تقنعه حينئذٍ.

٣. لا تكن محتاجاً:

لا تضع نفسك تحت وطأة الاحتياج لبيع أي مشروع مهما كان مغرياً، فكلما كنت محتاجاً كلما نفر منك عميلك وأحس بعدم رغبته في الشراء، أما أن كنت تتفاني وتبدع فيما تقدمه وتترك للعميل بعد ذلك حرية القرار فثق أنه سيقرر لصالحك.

أتذكر في مرة، كنا نقيم انتخابات مصغرة لاختيار أحد المرشحين لمنصب معين، ورأيت أحدهم يداعب واحداً من المرشحين قائلاً له:" كم ستدفع لأرشحك وأكتب اسمك" فأجابه في ابتسامة:"لا شيء، أنه قرارك أنت"... وقد فاز هذا الشخص بالفعل. لم يهتم أن يجامل أو ينافق أو يحتاج المنصب، فنال المنصب.

٤. لا تخجل من أن تخاطب عميلاً جديداً فقط كن لبقاً:

عندما تخاطب إنساناً يريد منتجك، فإنه يسر جداً بمكالمتك له واهتمامك أن تعرض عليه المنتج أو الخدمة ويقدم لك كل التقدير، أما إن اقتربت ممن لا يريد الخدمة فقد لا يكون لطيفاً بالقدر الكافي ويسبب لك إحراجاً أو إحباطاً، إذاً لكي تبقى دائماً سعيداً بعملك اقترب ممن يقبلك، إن كان عميلاً جديداً فابدأ بجملة قصيرة افتتاحية دون تفاصيل واعرف
مدى ترحابه، إن كان لا يقبل فلا تحاول معه ولا تضيع وقتك فهناك كثيرون آخرون غيره يريدون خداماتك.

هناك حالة أخرى وهي عندما تتكلم مع من تعرفهم من أصدقاء أو معارف، ثق أنهم سيسرون لتذكرك إياهم وعرضك للفكرة أو المنتج عليهم، حتى إن لم يشتروها فسيقدرون لك مكالمتك لهم.

يجب أن يعي البائع أن عمله مطلوب و مهم لبعض الناس و ليس لكل الناس، فهناك من سيرفض عروضه وخدماته فلا يجب عليه أن يعاني الإحباط بسبب ذلك أو يتذمر على نوعية عمله. البيع هو أن تصل للناس وتتكلم معهم وتفيدهم ويفيدونك، فلا يجب أن تخشاهم إذاً.

٥. أنت تصنع مالاً عندما يجيبك العميل بـ "لا":

لأنك تحصل على "نعم" بعد عدد محدد من "لا"، يمكنك أن تحسب هذا العدد طبقاً لطبيعة عملك وكلما سمعت "لا" فيمكنك أن تعرف كم بقى لك منها حتى تصل إلى "نعم".

لذلك لا تأخذ الرفض بصورة شخصية، ولا تسعى أن تتجنبه، لأنه إن حاولت أن تتجنبه بعدم السعي في البيع لأي أحد أو بعدم طلب ميعاد مقابلة أو بعدم عرض الخدمة على أحد، فعليك أيضاً أن تتجنب الحصول على المال أو نجاح المشروع. *(نقلاً عن أحد كتب)*

٦. تكلم عن نفسك ونجاحك:

إن الناس دائماً ما تتبع الشخص الناجح، وتشتري من مشروعك وتشجعه كلما كان له أثراً إيجابياً عليك أنت أولاً، لذلك لا تخشى أن تتحدث عن نفسك، ولكن كن متواضعاً في حديثك.

٧. اقنع عميلك:

أنصت لعميلك وأجب عن كل تساؤلاته فإن سأل ثلاث أسئلة فعليك أن تقدم ثلاثة إجابات، وإن لم تفعل يبقى في ذهنه سؤال لم يرد عليه يعوق كل مجهودك في البيع، لذلك لا تجعل فكرة يكون قد طرحها تمر بسبب أن الحديث لم يكن فيه فرصة للإجابة عليها أو لسبب أنه لم يطرحها كسؤال، لأنها تبقى في داخله حتى يصله ردٌ لها.

٨. تكلم عن النفع أكثر مما تتكلم عن المنتج:

أخبر عميلك كيف يستفيد مما تبيعه له قبل أن تخبره عن خصائص المنتج الكثيرة، عرفه النفع في المستقبل له أو لأولاده. إن معظم الناس تقتنع عندما تجد الدافع والحافز المناسب فيجب أن نضعه لهم ونوضحه.

٩. حذرهم من الخسارة:

كما أن بعض الناس يقتنعون عندما يجدون حافزاً أو مكسباً يسعون إليه، فإن البعض الآخر يقتنعون ليس من أجل مكسبٍ يسعون إليه بل خوفاً من خسارة يهربون منها. فاعرض الخسارة في عدم الشراء.

دخلت على أحد مواقع الانترنت والتي يتم من خلالها عمل بعض الحجوزات، وكان يعتمد على فكرة الخسارة هذه في كل أسلوبه ودون أن أدري وجدت نفسي منساقاً للتنفيذ في كل بند من البنود التي تم ذكره فيها، ففي أول مرة ذكر أن الأماكن تنفذ إن لم يتم الحجز في الوقت المناسب فحجزت المكان في لحظتها، ثم قال بعد ذلك أن الدفع قد لا يكون سلساً أو به مشاكل تقنية إن لم يتم مباشرة بعد الحجز فدفعت أيضاً... حقاً إن التحذير من الخسارة يؤثر في الناس كثيراً.

١٠. كن صادقاً وأميناً:

إننا جميعاً نعمل من أجل أن نسعد بحياتنا، فتعيش سعيداً عندما تكون راضياً عن نفسك وأمانتك ومبادئك حتى ولو لم تحقق الأرباح المطلوبة، ولكن ثق أنه عندما تظن أنك تخسر لأجل أمانتك فإن الله يهبك أضعافاً؛ إن الناس تثق في الإنسان الأمين ولا يكون لديهم أبداً مانع عن شراء أي شيء طالما وثقوا فيه.

١١. كن بشوشاً ومتقبلاً:

يظن العميل أحياناً أنه برفضه الشراء لن ينال رضاك، ويقدرك حينما تظهر له العكس، كن كذلك إذاً فابق على ترحابك وتقديرك لعملائك حتى إن أضاعوا مجهودك ولم يشتروا منك، واصطناع الترحاب يختلف عن الشعور الحقيقي، فلا تقتن الشعور الزائف.

١٢. عرفهم من أيضاً قد اشترى:

يشعر العميل بالراحة إن عرف من أيضاً قد قام بالشراء، وخاصة إن كان يعرف هذا المشتري ويثق فيه أو يعتبره في نفس مكانته... وينطبق الأمر على الشركات أيضاً، فيعرض المقاول سابقة أعماله وأنه قد عمل مع منافس العميل، وعندها يثق فيه العميل.

١٣. عرفه أنك تفهمه:

إن عرف العميل أنك تفهم طلبه وتعرف التفاصيل التي يريدها، سيثق فيما ستقدمه له ويقبل أن يدفع لك أكثر أيضاً، وتقنعه بذلك إن أعدتَ على مسمعه ما يطلبه وذكرت التفاصيل مرة أخرى مع كونه قد ذكرها للتو. وإن استطعت أيضاً أن تدون ذلك أمامه فثق أنك قد كسبته.

١٤. القيمة المضافة:

قبل أن تبيع مشروعك اعرف القيمة المضافة له ولماذا سيشتريه الناس منك ولا يذهبون لمنافسيك، قد يكون بسبب تطوير معين قد أضفته، أو بسبب طريقة مختلفة في عرض المشروع وتسويقه، أو بسبب كثرة احتياج الناس لمشروعك بغض النظر عن وجود منافسين؛ أجب على هذه الأسئلة أولاً حتى تتمكن من تحقيق الربح المطلوب...

١٥. ضع توقع لاستثماره:

قد لا تعرف المبلغ الذي سيدفعه العميل أو الحصة التي سيشتريها وقد لا يعرفها هو أيضاً، عليك أن تضع هدفاً أو حصة معينة تساعد بها عميلك ليسعى لشرائها، ضع توقعاً للكمية التي سيشتريها وستجده منساقاً لما قد وضعته من توقع، لذلك ضع هدفاً مرتفعاً فسيحاول تحقيقه أو الاقتراب منه.

١٦. من هو صاحب القرار:

لن يمكنك أن تبيع لمن ليس هو صاحب القرار، ولكن مع ذلك إن قابلت من لم يكن كذلك فقد يكون له دورٌ أيضاً، لذلك اسع دائماً أن تتناقش وتقنع من في يده الشراء ومع ذلك لا تهمل المحيطين فإن لهم تأثيرٌ غير مباشر.

١٧. متى تنتظره ومتى تستعجله:

يتساءل الكثير من منفذي البيع، متى يجب أن أمهل العميل وأنتظره وإن طالت المدة حتى لا يجدني محتاجاً بشدة؟ ومتى يجب أن أستعجله وأضغط عليه لينفذ بسرعة؟ ومن يتقدم لوظيفة مثلاً قد يسأل نفس السؤال، هل أتصل للسؤال عن نتيجة المقابلة الشخصية أم يجدونني بذلك لحوحاً؟

للإجابة عن هذا السؤال نحتاج أن نتوقع المدة الزمنية اللازمة لاتخاذ القرار، فإن كانت شركة توقع على عقدٍ مثلاً فسيحتاجون وقتاً لموافقات عدة أقسام أو أفراد، ولا يقع الموضوع تحت مسئولية شخص واحد لابد له أن يتخذ الإجراء سريعاً...

وفي هذه الحالة يجب أن نتحلى قليلاً بالصبر.

أما إن كان القرار يتوقف على فرد واحد فلا مانع من المتابعة والسؤال، فهو لا يقلل من قيمة العرض، بل من خلاله نعرف ما الذي يمكن أن يعوق القرار ونستطيع حينئذٍ أن نقدم حلولاً أخرى.

والسؤال عن النتيجة بطريقة لبقة لا يضع سائله تحت فئة المحتاج بل العكس صحيح فهو يظهره وكأنه يسأل لكي ما في حالة الرفض يذهب لعميل آخر ينتظر عرضه.

ونفس الوضع للمتقدم إلى الوظيفة ليس من العيب أن يسأل، فلينتظر قليلاً ثم يسأل بعد ذلك، وإن استطاع أن يسأل من أقام له المقابلة شخصياً يكون ذلك أفضل له من التخاطب مع وسيط أو مع الموارد البشرية... لأنه بتحدثه مع من أقام له المقابلة يشعره باهتمامه باستلام الوظيفة ومن خلاله يعرف حقيقة القرار وما الذي يمكن أن يعطل الموافقة، بل ويستطيع أن يسأل أيضاً إذا كان قد أخطأ في أي شيء في المقابلة، وسيجد رداً مريحاً بأنه لم يخطئ، وما يفعله طالب الوظيفة بهذه الاتصالات التليفونية يضعه في مقدمة طالبي الوظيفة، لأنه يكون حاضراً على ذهن ممتحنه بسبب اتصاله التليفوني... لذلك لا تخجل أن تتصل وتسأل فهذا لن يقلل من قيمتك بأي شكل.

١٨. تكلم عن الوسيلة وادخل في تفاصيل التنفيذ:

كثيراً ما يتقن منفذ البيع عرض مشروعه وإقناع العميل به وكل التفاصيل الأخرى ويفتقر لطريقة إنهاء الاتفاق والتنفيذ النهائي... إن العميل يتوقع بعد عرضك للمشروع أو الخدمة والمنتج أن تسأله وتطلب منه الشراء، فلا تخجل من ذلك... عليك أن تتحدث في تفاصيل التنفيذ، أما إن لم تنل منه كلمة واضحة بخصوص ميعاد مقابلة أخرى أو تليفون أو أي صورة من الصور التنفيذية فاعلم أنه لا ينوي الشراء ولم يقتنع بعد... أما إن كان مقتنعاً فلا تضيع وقتاً واتجه مباشرة إلى خطوات التنفيذ وحول بذلك مجرى الحوار من محاولة اتفاق وحديث عن المنتج إلى حديث منفصل تماماً له علاقة بكيفية الإنهاء ووقت المقابلة والأوراق المطلوبة

وهكذا... ولا ترجع مرة أخرى وتتحدث فيما قد تم الاتفاق عليه قبلاً فذلك يخسرك كل شيء... أنها قاعدة مهمة جداً، ما يتم الاتفاق عليه لا تتحدث فيه مرة أخرى.

١٩. لا تخف أن تخسر قليلاً:

كنتُ أسعى في وقت من الأوقات لشراء عقارٍ، وقد أعجبني أحدهم إلا أن سعره كان أعلى من متوسط السعر في هذه المنطقة، ولهذا السبب لم يتم بيعه سريعاً مع كونه عقاراً جميلاً، ولكني قررت في ذلك الوقت أن أقبل هذه الخسارة، فالمبلغ الزائد في حد ذاته قد لا يكون المشكلة قدر ما هو إحساس الفرد أن الآخر يغالي في السعر عن أقرانه... واشتريته بالفعل ونالني الكثير من نقد الأقارب بسبب ارتفاع سعر ذلك العقار عن العقارات الأخرى في نفس المنطقة، ولكن المفاجأة بعد ذلك أنه لم يمر ثلاثة شهور حتى علمت بارتفاع متوسط سعر كل العقارات في هذه المنطقة إلى ضعف ما كانت عليه، حتى أن أحد زملائي قد اشترى بعد خمسة شهور عقاراً بنفس الشارع الذي اشتريت به وليس بنفس الجودة، واشتراه فعلياً بضعف ما كنت قد دفعته أنا في عقاري... وكنت أعرف أن سوق العقارات يزداد تدريجياً ولكن هذه الزيادة العالية غير المتوقعة كانت نتيجة لبعض المؤثرات الاقتصادية على سوق العقارات في ذلك الوقت وبقيت حتى الآن...

إنه مبدأ هام جداً في التعاقدات والاتفاقات وهو "لا تخف أن تخسر قليلاً"، لأنك إن أردت أن تكسب على طول الخط وفي كل البنود فلن يمكنك أبداً أن تصل إلى اتفاقٍ أو تشتري شيئاً أو تبيع شيئاً. أما إن قبلت بعض التنازلات ففي النهاية ستكون أنت المستفيد. ويجب أن تعرف أيضاً أن الوقت الذي توفره عند اتخاذك قراراً بالبيع أو الشراء - به القليل من

الخسارة ـ قد يكون أثمن بكثير من المكسب الذي تحققه في اتفاق آخر يأتي بعده بكثير من الوقت. فلا تنس أبداً ثمن الوقت... أنهي الاتفاق سريعاً ثم تحرك مباشرة بذهن متجدد نحو الخطوات التالية في نجاحك المهني.

٢٠. لا ترى العملاء أشجاراً:

إن أي عميل هو إنسان له حياته الخاصة وله عمله وأنشطته فيجب أن تعرفه كشخص وليس كحصالة مال أو مجرد مشتري مثل مئات آخرين، كل إنسان له فرادته واختلافه عن غيره ودورك أن تتعامل مع الإنسان وليس مع المادة، فقبل أن تعرض منتجك وخدمتك اعرفه أولاً، ولا تضيع فرصة أن تقابل عميلك وجهاً لوجه إن جاءت لك، بدلاً من التليفونات أو الرسائل.

بعد أن تفعل ذلك، لا تشغل عقلك أو تقلق كثيراً على مبيعاتك فهي التي ستسعى وراءك.

ليفتح لك الرب كل باب فيما تسعى لتحقيقه.

٨. العقبات في عالم الأعمال وكيفية التغلب عليها

إن العقبات في أي مجال هي شيء طبيعي ولكل مجال عقباته المعروفة والخاصة به والتي يجب التعامل معها بالطريقة المناسبة.

إن عالم الأعمال (*the business*) تزيد صعوباته عن المهن الأخرى، ولذلك يقل عدد المشتغلين به كما يزداد ربحه أيضاً. ولكل إنسان دعوته الخاصة ومواهبه وقدراته ومن كانت له قدرات رجل الأعمال لا يضيق صدره بعقبات هذا المجال وخاصة إن تدرب على كيفية مواجهتها.

أما إن لم تكن موهبة الإنسان في الأعمال الخاصة، ولا يجد متعته في مزاولتها، ويفقد فيها سلامه، فلا داعي أن يثقل نفسه بمتاعب فقط من أجل جمع المزيد من المال.

ما هي العقبات إذاً؟

١. زيادة تكلفة التنفيذ عما قد تم التخطيط له:

دائماً ما تتخطى التكلفة الفعلية أثناء التنفيذ ما قد تم التخطيط له، إما بمطالبات زائدة مع من تم الاتفاق معهم بالفعل على سعر محدد، إما بسبب بعض التأخيرات والتي تؤثر بدورها على الربح... أو بسبب أعمال صغيرة قد أغفلت عند تقديم السعر للعميل.

كيفية الحل:

تتعامل الشركات الكبرى في إدارة هذه المشكلة من البداية وقبل التنفيذ الفعلي للمشروع، فيضيفون هامش أمان على السعر المقدم للعميل ويزداد هامش الأمان هذا كلما ازدادت المتغيرات في التنفيذ مع عدم الوثوق بمشاكل التنفيذ المتوقعة، ويقل الهامش كلما كثر تكرار التنفيذ دون زيادة في التكلفة.

٢. عدم القدرة على الالتزام بميعاد التسليم:

قد يواجه تنفيذ أي شيء تأخيرات لا علاقة لها بجودة الإدارة فترتبط بعوامل خارجية قد لا يمكن تغييرها، فيظهر أمام العميل أن الشركة غير قادرة على الوفاء بوعودها وجداولها الزمنية.

كيفية الحل:

مثلما كان الحال في زيادة التكلفة كذلك هو في الوقت، فيجب وضع هامش زائد من الوقت عند عرض الجداول الزمنية تحسباً لأي ظروف تحدث أثناء التنفيذ... ولكن إن لم يحدث هذا فهناك معلومة هامة يجب أن نعيها، أن أهم من تعاملنا مع الجدول الزمني هو تعاملنا مع توقعات العميل، فأحياناً لا يكون التسليم في الميعاد هو الأمر المهم بقدر ما يكون توقع العميل لميعاد التسليم... لذلك إن تم توقع أي تأخير بسبب أي ظروف فأول شيء يجب أن نفعله هو التعامل مع توقعات العميل، فيجب أن نخبره

بالتطورات وماذا حدث وقد يؤخر ميعاد التسليم وكيف أن الشركة قد بذلت كل ما هو ممكن لتلافي هذا التأخير وهي مهتمة بتقديم أفضل خدمة له ولكن الموضوع يقع خارج إرادتها، بعد ذكر كل هذه الأمور سيقبل العميل التأخير ولن يغير حكمه وتقييمه لأداء الشركة، فأي إنسان يعرف أنه من الطبيعي أن تحدث ظروف لا يستطيع الشخص أن يتحكم فيها، ولكن المهم هو جودة التخاطب لتوضيح الظروف وتهيئة التوقعات السليمة لميعاد التسليم.

٣. المنافسة:

هي أكثر الأشياء التي توقف المشاريع والشركات الجديدة، حيث تدخل الشركة الجديدة إلى السوق فتكون ضعيفة مقارنة بالشركات الكبيرة التي سبقتها منذ سنوات عديدة، فلا تستطيع الشركة أن تقوم أو حتى تبدأ.

كيفية الحل:

بالطبع لو كان الحل ثابت مع كل الأحوال، لأصبح جميع الناس رجال أعمال وأصحاب شركات ولكن الموضوع يحتاج إلى حل خاص حسب كل مشروع... فهناك بعض المشاريع التي يلزمها الانتظار والصبر حتى يُعرف اسم الشركة في السوق وتستطيع أن تزيد مبيعاتها عندئذ، وهناك مشاريع أخرى تحتاج أن يتم التعامل فيها على المستويات الصغيرة أولاً حتى لا تبدأ الشركة مبكراً في مواجهة منافسة صعبة لا تقوى عليها، وبعد أن تفوز بأعمال على مستوى صغير لا تكون المنافسة فيه صعبة تستطيع حينئذٍ أن تنتقل إلى مستويات أكبر وحجم أعمال أعلى.

هناك أيضاً فكر يدفع المستثمرين للمحاولة بعيداً عن السوق المعتاد، حيث تكثر الصعوبات ولكن تقل المنافسة... بعض الشركات الصغيرة مثلاً قد تأسست في دول أفريقية فقيرة فنجحت في الحصول على أعمال وتحقيق

أرباح ومن هذه النقطة استطاعت أن تعود لتنافس في سوقها الأصعب ونجحت.

بل أن الشركات الكبيرة أيضاً قد فعلت نفس الشيء، فشركة اوراسكوم تليكوم مثلاً أنشأت شبكات لها في دول فقيرة جداً حيث تزداد صعوبة التنفيذ وأنشأت في دول بها مشاكل سياسية أو إرهاب وبعد أن نجحت في هؤلاء بسبب قلة المنافسة فيها استطاعت أن تحصل على رخصة تنفيذ في إيطاليا وكندا حيث شدة المنافسة وصعوبة الفوز بالمناقصات.

لذلك عليك أن تكون أميناً وتنجح فيما تقدر عليه وعندئذٍ يعطيك الله القدرة والطاقة لما لا تقدر عليه.

٤. اختلاف على الاتفاق مع أحدهم:

من أكثر المشاكل التي تواجه الأعمال هي الخلاف والصراع، إما مع مقاول أصغر أو شركة تشترك في العمل إلى آخره، ويكون كل طرف واثقٌ من صدق شكواه ومتانة موقفه فيصعب الصراع ويزداد وتظهر مشكلته في أنه يأخذ الوقت والطاقة اللازمان للعمل، فيتوقف العمل أو يتأثر بسبب هذا الصراع.

ما هو الحل:

قال الكتاب مرة كان مراضياً لخصمك سريعاً (مت ٥ : ٢٥) ومرة أخرى قال من أراد أن يأخذ ثوبك فاترك له الرداء أيضاً (مت ٥ : ٤٠) أحياناً كثيرة يكون الربح أعظم عندما ينهي الشخص النزاع لصالح خصمه ويكسب هو الوقت والمجهود والسلام الداخلي ويعوض الخسارة بعد ذلك بمكاسب مضاعفة في العمل. ولكن الموضوع يحتاج إلى حكمة حتى لا نسمح للشر أن ينتصر على الخير حينما يكون شراً واضحاً ينبغي معه التضحية بالمجهود والوقت والله هو الذي يمنح السلام بالرغم من الصراع.

أحد **الطرق الفعالة أيضاً** في مقاومة النزاعات المختلفة هي عدم مواجهتها عن طريق فرد أو قسم واحد... كيف هذا؟ إن كان خلاف مثلاً في العقد فيحتاج الخصم أن يواجه الفرد أو القسم المسئول عن الشئون القانونية، وأيضاً الفرد أو القسم المسئول عن الشئون الهندسية إن كان الموضوع له جانب فني ثم قسم المشتريات أو أي قسم آخر له تدخل في الموضوع، فيتم بذلك تقسيم الضغط على جميع الأفراد والأقسام فلا يشعر به أيٌّ منهم، لأنهم يكونون جبهة قوية يصعب على الطرف الآخر اختراقها، لذلك دائماً ما تكون الشركات الكبيرة قوية في المواجهة ولا تشعر بأي ضغوط خلال النزاع.

ولكن إن كنت أنت صاحب سلطان ووجدت للطرف الآخر حقٌّ عندك فلا تهمل أن تتدخل فوراً وتعطيه حقه. ثم انتظر لترى بركة الله في حياتك.

٥. **السيولة المالية:**

مشكلة السيولة المالية تنشأ أحياناً بسبب عدم الحساب المسبق للدخل وللمال المنصرف على مدار وقت التنفيذ، فيتعرض العمل للتوقف بسبب ذلك.

الحل:

يحتاج مدير التنفيذ أن يهتم بالمطالبات المختلفة من العميل، ولا ينشغل بالتنفيذ ويهمل المطالبات المتفق عليها لأنها أساس استمرار يته، قطعاً لا يحب العميل أن يسمع بالمطالبات ولكنه رغم ذلك مرغم عليها ليكمل العمل المقدم إليه، من الممكن تخصيص فرد آخر لعملية المطالبات المالية حتى لا تتأثر العلاقة الطيبة بين مدير التنفيذ وعميله... أكثر ما يهم العميل هو جودة التنفيذ فلن يضره أبداً المطالبات المالية طالما وراءها عمل وجهد ظاهر، لذلك فالضغط أحياناً مطلوب بل ولازم ولكن بطريقة ودية ومؤثرة.

٦. **العضو الضار:**

يؤثر فرداً ضاراً على العمل كله ويكون سبب خسارة للفريق كله، ويجب أن يكون صاحب العمل منتبهاً لذلك، فيهتم بتقييم العاملين معه وتصليح الخطأ الظاهر وعدم الانسياق وراء الكلام بقدر ما يكون منساقاً وراء النتائج. لذلك فمعرفة الفرد الضار تكون بنتائج العمل الظاهرة وبالتحليل العادل وليس من كلام الناس، فقد يجتمع الناس كلهم ضد فردٍ لا يكون هناك أي عيب فيه أو ربما عيوب بسيطة قاموا بتضخيمها للوشاية به والعكس صحيح. أيضاً من الحلول المناسبة لذلك هو الانتظار حتى وضوح الرؤية، فإن كان هناك خلاف بين اثنين في الفريق فهذا لا يعني بالضرورة أنه يجب قطع أحدهما، بل قد يكون الخلاف مفيداً لكليهما وللعمل أيضاً في آن واحد، فلنقبل الصراع بينهما وننتظر حتى يبيت القرار واضحاً أو حتى ينتهي هذا الصراع بفائدة للجميع. أو على الأقل يمكن التدخل لفض الصراع مع إبقاء كلٍ منهما في مكانه ومكانته.

أما إن بات الأمر واضحاً بأدلة كافية على وجود خلل ما غير مقبول في شخصٍ، فإن عزل هذا الشخص يكون أمراً لابد منه لمصلحة العمل ولمصلحته هو الشخصية.

٧. **عدم وجود العمالة المدربة:**

قد تفوز الشركة بالمشروع وتأتي عند وقت التنفيذ لتجد نقص في العمالة المدربة القادرة على ظهور الإنتاج المناسب.

الحل:

الحل يكمن في اتجاهات عديدة، أولها هو البحث الكافي عن هذه العمالة، وجذبها حتى إن علت تكلفتها ثم بعد ذلك الاهتمام بتدريب عمالة جديدة والصبر على أدائها، وأخيراً عدم التخلص من العمالة غير المدربة ولكن

تحسين توزيعها على النشاطات غير المؤثرة في الإنتاج حتى تصل للمهارة المطلوبة.

٩. قرارات هامة وكيفية الاختيار

إن العمل الخاص يتكون من مجموعة من الاختيارات والقرارات، وكلما
كانت صائبة كلما كان للعمل الخاص مستقبل منتظر، وعلى الإنسان أن
يكون لماحاً للمتغيرات المختلفة، وأن يتكلم لغة من يقدم لهم خدماته. سنتكلم
عن عدة قرارات أولها هو:

١. قرار البيع:

قد يضع إنسان استثماراته في مشروع ما ويتساءل متى يجب على أن
أبيع الأصول لأجني ثمار استثماري وهل يجب أن أبيع أصلاً؟
تختلف إستراتيجية البيع من شخص لآخر وسنعرض وجهتي النظر في
مسألة البيع وعلى الإنسان أن يفكر ما الذي يناسبه.

أ. بيع الأصول وجني ثمار الاستثمار:

إن أي استثمار ناجح يأتي بأرباح معتدلة ومستمرة قد يكتفي بها الفرد، ولكن هناك آخر يقدم على بيع الأصول فيحصل على أرباح مضاعفة ولكنها غير مستمرة. تكون هذه الخطوة صحيحة في بعض الظروف مثل، الاحتياج للسيولة المالية لاستخدامها في مشروع آخر أكثر نفعاً، الاكتفاء بفترة الاستثمار وقرار جني المحصول في هذا المجال، وعندما يتخذ الإنسان هذا القرار عليه ألا يفكر ماذا لو ارتفع سعر المشروع وأرباحه فيما بعد؟ لأنه لابد له أن يرتفع وإلا ما كان اشتراه آخر، ولا يضيره في شيء استفادة شخص آخر طالما قد قرر هو أن يسلك هذا الطريق من أجل أهدافه التي ترضيه.

وقرأت مؤخراً في أحد الجرائد إقبال رجل الأعمال الشهير الفايد صاحب محلات هارودز بانجلترا على بيع كل أصوله لآخر، قائلاً أنه يريد أن يقضي وقتاً طيباً مع أولاده وأحفاده.

أما بيع الأسهم في البورصة فيحتاج إلى قاعدة ذهبية وهي عدم الطمع، إن توقيت البيع المناسب هو الوقت الذي يرضى فيه الإنسان عن الفوائد التي حصل عليها ويكون مكتفياً بما حققه فيبيع غير ناظرٍ لاحتمالية زيادة السهم، فقد يزيد وقد ينقص ولكن المرجعية تكون لك أنت، هل الأرباح التي حصلت عليها ترضيك كردٍ على استثمارك؟

أما عدم البيع نظراً للخوف من استمرار زيادة السهم فهو شيء مبهم لأن السهم قد ينقص أيضاً.

وعلى صعيدٍ آخر، قد يحجم شخص على بيع أسهم شركة خاسرة بسبب تعلق عاطفي بها كأن يكون موظف فيها مثلاً، أو يكن لها تقديراً ما ولكن عليه أن يكون واقعي فإن كانت أسهما خاسرة فعليه أن يبيع.

ب. عدم البيع والاحتفاظ بالأصول:

عدم البيع والانتفاع بالربح السنوي يناسب الاستثمار طويل الأجل، وقد لا يعيبه شيء طالما يتفق الفرد مع سياسة الشركة وإدارتها، أما إن لم تؤدي سياسة الشركة النجاحات المطلوبة فله أن يفكر في بدائل تكون أكثر فائدة له.

ج. بيع براءة الإختراع:

هناك نوعية من العمل الخاص ترتبط بالاختراع، فيتوصل أحدهم إلى فكرة جديدة في المجال التكنولوجي أو الطبي أو غيره، و يسجل اختراعه في هيئة براءة الاختراع، ثم يسعى بعد ذلك في تأسيس شركته ليقوم بتصنيع وتسويق وبيع ما اخترعه. وهنا يحتاج الأمر إلى حساب جيد جداً ودقيق، لأنه بينما يسير هذا المخترع في خطى فردية لتأسيس شركة وتصنيع وتسويق اختراع جديد، تكون الشركات الكبرى والتي لها مئات العاملين الذي يعملون في مجال البحث والتطوير قد توصلوا إلى ما هو أفضل من اختراعه ولا يستفيد هو بعد ذلك شيء. في هذه الحالة قد كان من الأفضل له أن يبيع اختراعه مباشرة لأحد الشركات الكبرى في مقابل مبلغ كبير- طبعاً أقل مما كان يحلم به عندما يؤسس شركته الخاصة ويبيع الاختراع - ولكن هذا هو الواقع، ودخل أقل أفضل من لاشيء.

أما إن كان هذا المخترع لديه بالفعل من رأس المال ما يؤهله لتكون خطاه سريعة وقوية في التصنيع والتسويق، بحيث يستطيع أن يسبق الشركات الكبرى الأخرى باختراعه فلا مانع إذاً من اعتماده على نفسه ولا حاجة له ببيع اختراعه... ولكن شرط القوة والسرعة ووجود رأس المال الكافي هو شرط عدم البيع.

٢. قرار المشاركة:

نقصد بالمشاركة هو تخصيص حصة من أرباح الشركة أو أسهمها لشخص آخر أو أشخاص آخرين فيصبحون شركاء ويرتبط دخلهم بنجاح الشركة، ويرتبط نجاح الشركة أيضاً بإنتاجهم الفعال؛ وتتجه الآن معظم الشركات الكبرى لتمليك موظفيها بعض من أسهم الشركة وينعكس ذلك إيجابياً على الأداء والأرباح، لأنه إن كان مالكو الشركة الأصليون يخسرون بعض الأسهم إلا أن ربحهم النهائي يزداد أضعافاً بسبب اجتهاد الملاك الجدد.

لذلك إن أردت إنجاح الشركة فيجب عليك أن تربط دخلهم بنجاحها أو بمعنى آخر أن تقسم عليهم جزء من الأرباح حسب وضع كل شخصٍ ودرجته.

أما الشركاء الكبار فهناك عوامل أخرى يجب النظر إليها قبل قبول الشراكة، أولها الاشتراك في الأهداف والطريقة وبعد ذلك الانفتاح على الآخر، فالأعمال الكبرى لا يمكن أن تبنى من خلال فرد، بل من خلال أفرادٍ كثيرين، فإن أردت الوصول إلى المستويات العليا في حجم الأعمال وتكوين كيانات أكبر فيجب أن تعرف أن تشارك آخرين، فهم يشاركونك ربحهم مثلما يشاركوك ربحك وفي النهاية تزداد فائدتك الشخصية.

قد تنشأ مشاكل بسبب الشراكة ولكن عندما تسود روح التعاون وتقديم الآخر عن النفس يتعاظم النجاح والربح.

٣. قرار التطوير:

بعد وقتٍ من النمو الثابت للشركة وتحقيق دخل معتدل، يُهمل جانب التطوير ويكون ذلك فيما بعد سبباً في خسارتها، التطوير يرتبط دائماً بالمقارنة بالمنافسين حتى تظل الشركة ضمن الصفوة بين مقدمي الخدمة...

والتطوير يجب أن يكون مشروطاً بتذوق العملاء لهذا التطوير فقد لا يروق العملاء ما قد تم تعديله فيجب أن يتم بطريقة تدريجية مع الاهتمام برد فعل الناس هل هو استحسان أم عدم قبول.

من أهم بنود التطوير والتي تعتبر الآن مستقبل كل الأعمال، الميكنة وتسهيل الإجراءات من خلال الانترنت، فإن المواصلات تصعب وتزدحم وكلما استطاع الفرد إنهاء مهامه وهو في منزله من خلاله حاسبه الشخصي كلما أعطى تقديراً واستحساناً للخدمة وأقبل عليها وشجع آخرين أيضاً.

وفي البداية قد لا يهتم بها الناس وقد تشعر أنك تخسر وقتاً ومجهوداً في خدمة غير مستخدمة ولكن مع قليلٍ من الصبر تتحول بهذه الخدمة إلى أحد الرواد.

في مصر منذ عدة سنوات تم إدخال خدمة إمكانية دفع فاتورة التليفون عن طريق الانترنت، وكان من تعود الدفع من خلال أماكن التحصيل يحجم على استخدام النت، وكنت استمتع أنا كثيراً بإنهاء هذا الإجراء وأنا في منزلي، والآن وبعد عدة سنوات عندما أدخل لأدفع الفاتورة كثيراً ما لا أستطيع بسبب الضغط على الموقع، فقد اتجه الجميع لاستخدامه أيضاً.

٤. قرار تغيير النشاط:

كنت أمر أحياناً على أحد المتاجر الصغيرة جداً والتي كانت تبيع حلوى الأطفال وأشياء بسيطة مثلها، حتى اندهشت يوماً إذ أجد هذا المتجر قد تحول في عدة أيام إلى مدرسة تعليم قيادة سيارات، أدهشتني هذه النقلة جداً حتى أني شككت في إمكانية صاحب المتجر الصغير على إدارة مدرسة تعليم سيارات، ولكن كان هذا منذ سنوات ولا يزال يعمل بمجاله الجديد هذا وقد أصبح أيضاً من المعروفين في تقديم هذه الخدمة.

قد لا ننال النجاح في أحد الأنشطة التي نزاولها وعلينا أن نعرف متى نأخذ قراراً بتغيير النشاط كله،

إن كنت تعيش في ضيقٍ بسبب مهنتك وشهادتك، فلا تجبر نفسك أن تعيش هكذا طوال حياتك، اسع للتغيير واستمتع بحياتك.

٥. قرار إضافة مجال جديد للشركة:

ليس كل إضافة أو كل دائرة جديدة بها فائدة، فقد يسعى شخصٌ في كل المجالات ويخسر في جميعها أيضاً، كل خطوة جديدة يجب أن تختبر أولاً وتبدأ صغيرة ثم بعد ذلك يمكن التوسع فيها. التركيز في جودة ما يتم تقديمه أفضل من التشتت في مجالات كثيرة دون وضوح للهدف والرؤية.

٦. قرار الفشل:

هل تظن الفشل قراراً؟ نعم هو كذلك فالفشل يأتي أولاً من داخل الإنسان قبل أن يكون ظروفاً تفرض عليه، دعنا نقولها بطريقة أخرى، إن الاعتراف بالفشل قرار، قد يحاول أي شخص أن يؤسس عمله الخاص أو شركته الناجحة ولا يستطيع، وليس هذا معناه أنه قد فشل طالما ما يزال يحاول، ولكن عندما يقر بالفشل فهو بذلك يكون قد فشل بالفعل.

تقول الإحصائيات أن أي شركة جديدة تبدأ في تحقيق أرباح في الفترة ما بين ثلاث إلى خمس سنوات بعد تأسيسها، وهذا يعني أن مؤسس الشركة أو مؤسسي الشركة قد قضوا ثلاث أو خمس سنوات وهم يعيشون في سراب لا يرون لمجهودهم أي نتيجة، كان ممكناً في أي وقت خلال هذه السنوات الأولى أن يعترفوا بالفشل ويقرروا الانسحاب ولكن من لا يأخذ هذا القرار

هو الذي ينجح بالفعل، لأنه دائماً ما يكون وشيك جداً للوصول إلى غايته فقط يحتاج إلى قليلٍ من الصبر.

إذاً لا تتخذ هذا القرار أبداً إن كنت تريد تحقيق شيئاً تفخر وتسعد به فيما بعد، أحياناً يكون اتخاذ هذا القرار مريحاً للبال وقد يبدو منطقياً إن صعبت الأمور جداً، ولكن لتحاول بطرق مختلفة أو من خلال أشخاص آخرين أو بعد قليل من تجديد نشاطك ولكن لا تقر بأنك فشلت أبداً. نعم، لأنه ببساطة "لم يعطنا الله روح الفشل بل روح القوة" (٢تي١ : ٧)

٩. مشيئة الله في عملك و وعوده المشروطة

هل يتحدث الله إليك في خطواتك ومسيرتك؟ هل يعقد معك اتفاقيات؟ هل يعدك أحياناً بالبركة إن أطعته في وصية معينة؟

خاطب الله يوماً موسى قائلاً له: " إن سمعت لصوته وفعلت كل ما أتكلم به أعادي أعداءك وأضايق مضايقيك". (خر ٢٣ : ٢٢)

وإلى الآن يتحدث الله معنا في أعمالنا، دعني أقولها لك بالطريقة التي تناسب موضوعنا،

إن الله يعقد معنا صفقات فيطلب منا طلب معين إن نجحنا في تنفيذه وأطعناه يتولى هو إنجاحنا في عملنا.

قد يهمس روحه القدوس داخلك قائلاً لك أن تقبل شخصاً بعينه تكون قد أخذتَ منه قبلاً موقفاً عدائياً، فيأمرك أن تقبله وتحبه، وإن أطعتَ تنعم بالنجاح الذي يأتي بسبب هذا الشخص الذي قبلته أو ببركة مباشرة من الله كمكافأة لك على طاعتك.

قد يطلب منك الرب أن تكون سخياً في العطاء بينما يكون في داخلك صراع لعدم إعطاء المال، ولكن إن كنت سخياً تنال بسخاء.

أحياناً أخرى يطلب منك أن تكون متضعاً، أو أن تغفر لآخر... أو ربما يطلب ثقتك فيه أكثر من الناس حتى لو كان كل الناس ضدك، فتنال من صوت الله القوة التي تكمل بها مسيرتك بثقة ودون تشكك.

أشياء كثيرة يطلبها منا الله في أعمالنا وكثيراً ما تكون وعوداً مشروطة، يجب علينا أن نسمعها أولاً ثم نطيعها ثانياً وأخيراً ننتظر لنتمتع بالثمار بعد ذلك.

ما هي مشيئة الله لأعمالنا ولحياتنا كلها؟

إن الله بلا شك يحبنا ويهتم بخلاصنا، وما يفرحنا يفرحه طالما في داخل مرضاته ومفيد لنا في ذات الوقت. هو يود أن نعيش في سعادة كل يوم، وأعمالنا الشخصية دائماً ما تكون مصحوبة بمعونته لأنه يريد لنا الإنجاز والإبداع... ولكننا أحياناً كثيرة نلقي باللوم على الظروف والأحوال والظروف الاقتصادية، وقد لا نتوقع خيراً بسببهم، ولكن الله يريد إيماننا، ففي أي ظرفٍ كان، يستطيع أن يكفل لنا النجاح إن آمننا به.

في أحد المرات كنت أتحدث مع أحد رجال الأعمال وكان غيني الجنسية، وفي نفس الوقت حاصل على إقامة في أمريكا، فسألته أين يجد النجاح والدخل المتزايد هل في وطنه أم في أمريكا؟ فقال لي إنه يعيش معظم الوقت في غينيا لأن فيها يستطيع أن يجني أموالاً وأرباحاً أكثر بكثير من أمريكا، واندهشت وقتها جداً وسألته أفي غينيا تصنع أموالاً أكثر؟ فقال لي نعم...واستطرد قائلاً، إن غينيا كدولة قد لا تتساوى كل ميزانيتها بشركة متوسطة في أمريكا، وأغلبية الشعب الغيني يأكل ما يشبه الفطير المصنوع من الدقيق كل يوم لأنه لا يجد غيره، وقد لا يجده أيضاً في بعض الأحيان، لا يمكنك أن تجد أي خدمات أو مواصلات في هذه البلد الأفريقية الفقيرة، الفندق الوحيد بها يعتبرونه مزاراً، ولكن أتعرف ماذا؟ إن هذه الدولة والتي هي أفقر دول العالم تمتلئ بمناجم الألماس والذهب، وقد استطعت أن أبني مشروعي على معدات الحفر التي تحتاجها هذه الصناعة وأصبحت من الأغنياء.

عجباً، فلم يتذمر لكونه يعيش في أفقر دول العالم، ولم يدّعي أنه مهما سعى فلن يصل لشيء، لذلك باركه الله وأغناه بغض النظر عن ظروفه وأحواله، وأخرج له الله من الجافي حلاوة (قض١٤: ١٤) والله قادر أيضاً أن يغنينا نحن أيضاً.

قد تبدو الأرض مقفرة وخالية من كل صلاح، قد لا يكون فيها ماء أو عشب أو شيء من مظاهر الغنى والراحة على الإطلاق ولكن هل فكرت يوماً ما الذي يمكن أن يكون تحت هذه الأرض الجدباء، ألا يمكن أن تحوي داخلها مناجم من الماس والذهب؟

إن الله يريد أن يعلمنا هذا الدرس من الطبيعة.

أغلى وأقيم وأرفع الأشياء قد تجدها مخبأة

في أسوأ الظروف وأصعب البيئات...

إذاً، صديقي القارئ لا تحكم أبداً على بيئتك، لا تحكم على السوق
والمنافسة، لا تحكم على القوانين والصعوبات أو أي شيء كان، فثق أن
الكنوز مخبأة ومنتظرة من ينقب عنها، فابحث واجعل الله قائدك، فهو
يعرف أين الكنز ويمكنه أن يرشدك إليه إن طلبت منه، هو قادر أن
يمنحك ما تأكله وقت المجاعة وما تشربه وقت الجفاف وما تنجزه وقت
الركود الاقتصادي، فقط ثق به، وتعلم الدرس من الطبيعة... الكنز
موجود ولكن من يبحث؟ ومن يجتهد؟

مثل وكيل الظلم:

بينما نحن نتحدث عن الأعمال والبيزنس، يجب أن نعرف قاعدة هامة
ولا يمكن أن نفصلها عن كل ما نفعل وإلا فقدنا المعنى الحقيقي والفهم
لحياتنا وأصبحنا تائهين.

لنقرأ أولا من انجيل لوقا ١٦:

"وقال أيضا لتلاميذه كان إنسان غني له وكيل فوشي به إليه بأنه يبذر
أمواله. فدعاه وقال له ما هذا الذي اسمع عنك أعط حساب وكالتك لأنك
لا تقدر أن تكون وكيلا بعد. فقال الوكيل في نفسه ماذا افعل لأن سيدي
يأخذ مني الوكالة لست استطيع أن أنقب وأستحي أن أستعطي. قد علمت
ماذا افعل حتى إذا عزلت عن الوكالة يقبلوني في بيوتهم. فدعا كل واحد
من مديوني سيده وقال للأول كم عليك لسيدي. فقال مئة بث زيت فقال
خذ صكك واجلس عاجلا واكتب خمسين. ثم قال لآخر وأنت كم عليك
فقال مئة كر قمح فقال له خذ صكك واكتب ثمانين.

فمدح السيد وكيل الظلم إذ بحكمة فعل لان أبناء هذا الدهر احكم من أبناء النور في جيلهم. وأنا أقول لكم اصنعوا لكم أصدقاء بمال الظلم حتى إذا فنيتم يقبلونكم في المظال الأبدية.

الأمين في القليل أمين أيضا في الكثير والظالم في القليل ظالم أيضا في الكثير.

فإن لم تكونوا أمناء في مال الظلم فمن يأتمنكم على الحق. وإن لم تكونوا أمناء في ما هو للغير فمن يعطيكم ما هو لكم. لا يقدر خادم أن يخدم سيدين لأنه إما أن يبغض الواحد ويحب الآخر آو يلازم الواحد ويحتقر الآخر لا تقدرون أن تخدموا الله والمال".

إن مثل وكيل الظلم قد يبدو غريباً، لأن الرجل الغنى قد مدح وكيل الظلم عندما أنقص من ديون الناس وعندما صنع له أصدقاء بمال سيده. ولكي نفهمه يجب أن نسقطه على حياتنا العملية ونتأمل فيه.

إن كل ما نقتني من مال وصحة ومقتنيات وأبناء ومواهب وقدرات، كل هذا ليس ملكاً لنا، ولكن نحن وكلاء عليه لفترة من الوقت، فابنك مثلاً أنت لا تملكه هو في الحقيقة ابن الله وقد سلمه الله لك لتكون وكيلُ عليه وترعاه بأمانة ولهذا الابن رسالته الخاصة وله طريقه وحياته، أنت فقط مرشد له.

كل الأموال والمقتنيات تسمى مال ظلم لأنها ليست ملكك بل ملك لله، وهو يطلب منك أن تصنع بها أصدقاء. أي أن تشارك الناس فيها، أن تعطيهم منها، ولا تحتفظ بها لنفسك، فالله لم يعطك أموالك لكي تكنزها ولكن لتفعل بها مشيئته على الأرض وإن كان يسمح لك أحياناً باستخدامها من أجل راحتك واستفادتك أنت فهذا من جوده عليك، لأنه يدللك كابن له، لكن عليك أن تعرف كيف تشرك الآخرين في المال الذي معك كيف تفعل

به ما هو في صالحهم وكيف تخدم الناس به سواء كان هؤلاء الناس عائلتك أو مجتمعك أو حتى خارج مجتمعك.

وكون أن المال ليس ملكك فهذا لا يعني ألا تستثمره، لا بل عليك استثماره والمتاجرة به، لأن الله سيطالبك بهذا.

إن كنت تملك سيارة فاخرة فلا تدعّي أنك تخاف عليها، فتحجم عن إعارتها لصديقٍ يحتاجها في مناسبة له كزفافه مثلاً إن طلب منك ذلك... بل أجري وراءه وإسع أن يقبل أن تعيرها له، تعلم أن تصنعه صديقاً لك من مال الظلم، من سيارتك التي هي في الحقيقة ليست لك، فصديقك هذا هو الوسيلة الوحيدة لكي يقبلك الله في المظال الأبدية ويمتدحك على أمانتك في الوكالة التي سلمها لك. والأمين في القليل أمين أيضاً في الكثير.

١٠. حوار مع رجل أعمال

كان لنا حوارٌ شيقٌ مع أحد رجال الأعمال المعروفين (فضّل عدم ذكر اسمه)، والذي أظهر أهدافاً نبيلة من خلال المشاريع العملاقة لشركته وأيضاً كان مثالاً في تطبيق الوصايا الإنجيلية في صورة عملية يلمسها من يتعامل معه، فيرى ملحاً ونوراً يحتاجه كثيرون.

١. الشركة وكيف بدأت وإلى شيء وصلت؟

الشركة بدأت صغيرة جداً متكونة من ثلاثة شركاء وكانت تعمل في مجال واحد معتمدة على خبرة هؤلاء الشركاء في المجال الذي تعلموا فيه قليلاً وكانوا في أواخر العشرينات من عمرهم، وكانوا يعملون ليل نهار باجتهاد

جداً وبعد خمسة عشر سنة تقريباً أصبحت من أكبر الشركات في مصر برأس مال ضخم جداً وفي عدة أنشطة ومجالات.

٢. ما هي أسباب نجاحها في رأيك؟

السبب الرئيسي لنجاح الشركة بهذا الشكل هو وجود ربنا والذي ظهر في عدة أشياء، أولاً محبة الناس لبعض، فالذين بدأوا الشركة كانوا حريصين جداً على الحفاظ على علاقة المحبة التي بينهم، ودائماً ما كانت تأتي الرسالة من ربنا لهم أنه إذا حافظوا على التكاتف والمحبة التي بينهم فإنه سينجحهم. فوجود ربنا كان سبب نجاحها والحماية لها وسط أي حروب خارجية.

ربنا موجود ويريد أن ينجح كل أولاده ولكن هناك مقومات أخرى يريدها أيضاً، نعمة ربنا تعمل مع الإنسان ولكن يجب أن يجتهد الإنسان ويقدم مجهود، يفكر ويستشير بطريقة سليمة ويسعى أن يعمل بطريقة صحيحة ولكن في نفس الوقت أن يلقي كل شيء على الله ويسلم له كل شيء... فإن عملت في شيء خاطئ أو في مجال غير مجالك أو بدون اجتهاد ثم تنتظر أن ينجحك الله فلن يفعل.

٣. ما هي العقبات التي واجهتها الشركة وكيف تم التغلب عليها؟

طبعاً كان فيه عقبات كثيرة جداً، مثل أن يكون نشاطك في سوق معين ثم تجد أن هذا السوق حدث فيه تشبع أو منافسة عالية فأصبح هامش الربح ضعيف جداً، لذلك من يعمل عملاً يجب أن يعرف كيف يطوره دائماً وفي نفس الوقت لا يهمل التوازن بين كونه يحافظ على ما معه أو أن يطوره ويعمل في شيء جديد، والذين لا يفكرون في تطوير ما يفعلون قد يجدون أنفسهم فجأة خارج السوق، وعلى الجانب الآخر فالذين يشتتون أنفسهم في

تغيير وتطوير زائد دون أن يركزوا على نشاط واضح فهم أيضاً لا يصلوا لشيء. لذلك فالتوازن مهم جداً.

٤. هل عالم الأعمال له جانب غير مشرق أم كله إنجازات وأفراح؟ وما هو هذا الجانب؟

طبعاً هناك حروب كثيرة جداً ومشاكل، ففي العمل الحر ستجد منافسة غير شريفة، هناك بعض الشركات تتهرب من الجمارك أو الضرائب ويتخيلون أن عدم إعطاء الدولة حقها قد يحقق النجاحات وقد يحدث ذلك فعلا فيحققون نجاحاً مقارنة بالشركات الأخرى ولكنه سرعان ما يزول وعلى المدى البعيد تحدث خسائر كبيرة جداً، أما الشركة التي تدفع الضرائب والجمارك وغيره قد تشعر بالخسارة على المدى القريب أو بقطع كبير من هامش الربح ولكن بعد وقت يظهر أن المكسب المادي والسمعة أفضل بكثير، لذلك كل واحد يعمل، عليه أن يسير بدون أخطاء، ويحترس من الغش والخداع،كأن يقدم سلعة أو خدمة غير مطابقة للمواصفات أو غيره من الطرق غير المستقيمة.

٥. ما هي أفضل القرارات التي تم اتخاذها في هذه المسيرة وما هو أسوأها؟

أفضل القرارات كان القرار الروحي بتمسكنا كشركاء بمحبتنا لبعض والمحافظة على ذلك. ومن جانب الأعمال كان هناك الكثير من القرارات الايجابية وأيضاً السلبية.

من الممكن أن يفشل شخص في بداية مشروعه فيتوقف عن المحاولة ويكون هذا قراراً سلبياً فقد لا يحتاج الأمر إلا لعدة محاولات أخرى. ومن الممكن أن ينجح آخر في مشروعه فيكتفي به وهذا أيضاً خطأ.

هناك أيضاً قرارٌ إيجابي في تقبل بعض الخسائر أثناء المسيرة، نحن قد حاولنا في أشياء عديدة ربعها فقط قد نجح ولكنه كان كافياً أن يضمن النجاح العام. إن أسلوب التجربة والفشل *(Trial and Error)* لابد منه في كثير من الأحيان. أما عن مقدار ما يجب تجربته للتحقق منه فيحتاج إلى إرشاد من الله؛ إن وجود الله هو شيء ضروري لأن عمل الإنسان هو جزء من خدمته، في عملك الحر قد توفر فرص عمل لناس وقد تقدم خدمات لآخرين وقد تشهد لاسم المسيح وكل ذلك يعتبر جزء من خدمتك لله.

٦. لماذا ينجح بعض الناس في أعمالهم ومشاريعهم والبعض الآخر لا ينجح؟

إن أي شخص يجتهد في عمله فمن الطبيعي أن يعطيه الله النجاح، لكن قد يفشل إن كانت اختياراته خاطئة أو تفكيره واجتهاده غير سليم وهؤلاء يحتاجون إلى المشورة.

المشورة مهمة جداً ولكن يجب أن تصل إلى شخص أكبر، له دراية في البيزنس وأمين أن يعطيك نصيحة لمصلحتك.

٧. ما علاقة الثروة بالسعادة؟

السؤال جميل جداً والحقيقة أن الثروة لا علاقة لها بالسعادة، لقد رأيتُ كثيرين مهما جنوا من أرباح فهم ليسوا سعداء، وآخرون يتخيلون أن السعادة في المنزل الذي يقتنوه أو السيارة ومهما غيروا منهما يبقون أيضاً غير سعداء، لأن السعادة ليست في المنزل أو السيارة، فالسعادة تنبع من داخل الإنسان بسبب وجود الله داخله وهذا هو فرح الروح الحقيقي.

السعادة لا علاقة لها بالمال إطلاقاً، المال هو وسيلة لكي أحيا بها وأخدم بها الناس من حولي، بما فيهم أنا، فالله من كرمه يعطيني ما هو ليس لي.

لذلك من يربط سعادته بالمال، يهتز إن فقد جزء منه.

٨. ما هي نصيحتك لمن يريد أن يؤسس مشروعه الخاص؟

هي عدة نصائح: الاستشارة، التخطيط والتفكير الجيد، وضع كل شيء في يد الله والاعتماد عليه.

أيضاً التوازن ما بين الواقعية والطموح الشديد، طموح شديد بدون واقعية أو إدراك للواقع المحيط لن ينجح المشروع، كما أن إدراك الواقع دون طموح سيصيب بالإحباط.

٩. ما الذي تتوقعه للشركة بعد عشرة أعوام أخرى؟

أكيد ربنا سيرفعها أكثر وأكثر لأنه هو الذي يدبر كل شيء وهي ملكه.